능소화 필 때면

능소화 필 때면

ⓒ 박한목 2025

초판 인쇄　2025년 7월 21일
초판 발행　2025년 7월 30일

지 은 이 : **박한목**

펴 낸 이 : **이자야**
디 자 인 : **오미나**
편　　집 : **미담길 편집팀**
펴 낸 곳 : **도서출판 미담길**

등　　록 : 2019. 10. 7. 제2019-000058호
주　　소 : 서울시 광진구 아차산로61길20, 401호
전　　화 : 010-4208-1613
E-mail : midamgil@naver.com

값 18,000원

＊도서출판 미담길과 저자의 서면 동의 없는 무단 전재 및 복제를 금합니다.
＊잘못된 책은 바꿔 드립니다.

능소화 필 때면

박한목 지음

박한목 서예작품

낳아기르고도 사랑이라고말하지않고희생이라고생각
지않아더큰사랑보아도보이지않고들어도들리지않아
눈멀고귀먹게한사랑일넌에하르라도별호라이름하여
무거은사랑녀려놓으소서 김초혜시 어머니 현촌 박한목

네가만약늙은어미보다먼저죽은것을불효
라생각한다면이어미는웃음거리가될것이
다너의죽음은너한사람것이아니라조선인
전체의공부를짐어지고있는것이다네가항
소를한다면그것은일제에목숨을구걸하는
짓이다네가나라를위해이에이른즉딴맘먹
지말고죽으라 조마리아서 신을쓰다 현촌 박한목

강나루건너서 밀밭길을 구름에 달가듯이 가는나그네 길은외줄기 남도삼백리 술익는 마을마다 타는 저녁놀 구름에 달가듯이 가는나그네

박목월님시 나그네 현촌박한목

초연이쓸고간길은계곡길은계곡양지녘에 비바람긴세월로이름모를비묵이 여먼고향초동친구두고온하늘가그리워 마니이끼되어맺혔네 엉그럭산을에 입술빛차 고갈빛차 고흐르는 밤홀로서 쩍막 강에 을어 지친을어 지친비묵이여 그옛날헌진 스런축 억은 애닳퍼 서어은 알알이 둘이되어 쌓였네

현충일칠십둘을 맞아 비묵을쓰다 현촌박한목

박한목 서예작품

[오른쪽 작품]

행복은 감사의 문으로 들어오고 불평의 문으로 나간다 행복을 원하거든 감사할 줄 아는 마음을 기르고 배우야 한다

안병욱님시 현촌 박한욱

[왼쪽 작품]

빛 중에 해가 으뜸이듯이 사람 중에 어머니 제일이시네 학문을 많이 익히건 아니지만 사람의 법도 잘 다루셨고 의학은 올라의 술은 아니어도 자식의 병신통으로 다스리시고 당신의 병은 깊어도 일절 않으시고 작은 몸 어디에 그런 힘 숨어있답니까

김초혜시 어머니를 현촌 박한목 쓰다

興酬落筆搖五岳
詩成笑傲凌滄洲

錄李白江上吟句 癸卯仲秋 青谷朴漢穆

아버님날낳으시고어머님날기르시니
두분곳아니오면이몸이살았을까하늘
같은가없는은혜어디에다갚아오리

정철의 훈민가 중에서 가려쓰다 현촌 박한목

박한목 서예작품

빈들에 마른풀같이 시들은 나의 영혼 주님이 약속한 성령 간절히 기다리네 가물어 메마른 땅에 단비를 내리시듯 성령의 단비를 부어 새 생명 주옵소서 찬송가 두 한 소절을 씀 현촌 박한목

여호와는 나의 목자시니 내게 부족함이 없으리로다 그가 나를 푸른 초장에 누이시며 쉴만한 물가로 인도하시는도다 내 영혼을 소생시키시고 자기 이름을 위하여 의의 길로 인도하시는도다 내가 사망의 음침한 골짜기로 다닐지라도 해를 두려워하지 않을 것은 주께서 나와 함께 하심이라 주의 지팡이와 막대기가 나를 안위하시나이다 시편 이십삼편 현촌 박한욱

작가의 말

영글지 않은 열매

  가는 세월을 잡을 수 없어 동행한다지만, 어느새 인생의 해거름을 부정할 수 없는 시간… 눈 감으면 지난 일들이 희미하게 출렁거리는 때가 있다.

  어릴 적 이런저런 기억을 기록해 보고 싶었지만, 어떻게 써야 할지 막막하여 몇 년을 흘려보냈다. 갈증을 느끼던 어느 날, 우연히 <문학의 집·구로>에 수필 창작반을 발견하여 조한순 강사님(현 수필문학작가회 회장)께 수필 공부를 시작했다.

  70대 초반, 늦었지만 글짓기를 배운 건 어린 눈에 비친 어머니의 고단했던 삶이 세월의 뒤안길로 묻혀 버리는 걸 그냥 지나칠 수 없었다. 호리호리한 몸으로 여섯 남매에게 끔찍한 모성애를 보이신 숭고한 사랑을 후세에 전하는 게 내가 할 일로 여겼다.

  수필은 자신의 내밀한 면까지 있는 그대로 내보이는 고백의 글이기에 부끄러움을 감추고 싶을 때도 없지 않았다. 그렇지만, 작가의 진솔한 모습만이 독자의 상처받은 마음도 치유하는 공감의 장이 될 수 있

내 고향 귤현 마을 … 177
눈 오는 날 … 180
벌초 … 183
비 오는 날의 초상 … 186
가을 태풍 … 189
아버지의 추모일 … 192
엄마의 공책 … 195
천국으로 띄우는 편지 … 198

6부. 주는 이의 행복이 더 크다

금연 다짐 … 204
남자의 체면 … 208
노년에는 걷기 운동 … 210
먹고 사는 방법도 가지가지 … 213
벽장 속에는 … 216
부르고 싶던 그 노래 … 219
이제는 위로와 격려의 시간 … 221
주는 이의 행복이 더 크다 … 224
짧아지는 가을이 아쉬워 … 227
오월이 되면 … 230

아직 끝난 게 아니다 … 115
질서(秩序) … 118
치매 … 121

4부. 아름다운 도전

전망 좋은 우리 집 … 126
아름다운 도전 … 129
긍정적으로 참여한 자치위원 … 132
고향 집엘 갈 때면 … 135
오이지 … 139
그 시절 설 떡만둣국 … 142
꿀맛 … 145
중학교 입학에 얽힌 사연 … 148
첫 휴가 가던 날 … 151
함박눈 … 155
잠시 머물다가는 봄 … 158

5부. 비 오는 날의 초상

능소화 필 때면 … 164
하늘이 보내준 천사 … 167
가족 나들이 … 171
바다낚시의 묘미 … 174

2부. 생명의 계절, 봄

사월이 떠나간다 … 54
삼일절에 태극기를 걸며 … 57
모두 다 너 때문이야 … 60
비 오는 날의 추억 … 63
생명의 계절, 봄 … 66
염치도 없는 날씨 … 69
오류 교차로의 사계 … 72
느닷없이 닥친 폭설 … 75
단풍 찾아 떠난 여행 … 78
민들레의 생명력 … 81
능소화의 애달픈 전설 … 84

3부. 굴러온 돌, 박힌 돌

가을비 … 90
가족 여행 … 93
감자떡 … 96
굴러온 돌, 박힌 돌 … 99
두루마기를 여미고 … 102
노년의 취미 생활, 서예 … 105
설날의 추억 … 109
아내의 생일 … 112

| 차례 |

| 작가의 말 | 영글지 않은 열매 ··· 14

 1부. 작은 선행

일출 그리고 일몰 ··· 18
빛나는 은퇴 ··· 21
영화 '말모이'를 보고 ··· 24
대통령은 어디 갔노 ··· 28
더 밝아진 세상 ··· 30
독도는 민족의 자존심이다 ··· 33
독도의 날을 아시나요 ··· 37
매봉산 해맞이 ··· 40
배재학당 역사박물관 가던 날 ··· 43
작은 선행 ··· 46
한글날 ··· 49

岩泉滴硯雲生筆山
月侵休露灑篇
青谷 朴漢穆

得好友來如對月有
奇書讀勝看花
青谷 朴漢穆

黃金萬兩未爲貴得
人一語勝千金
青谷 朴漢穆

다고 생각한다. 그러기에 문학은 정신을 담는 그릇이요, 생각이나 감정을 글로 표현하는 언어 예술이라 하나 보다.

  그동안 준비한 글을 책으로 엮으려니 걱정이 앞선다. 미처 영글지 않은 열매를 지레 따는 어리석은 일 같아 수없이 망설인 게 솔직한 심정이다. 아직 자신감이 없는 내게, 처음엔 충분한 준비를 했어도 그럴 수밖에 없다며 용기를 주는 선배 문인의 은근한 권유로 결정을 내렸다.

  글짓기 명강의로 잘 알려진 전병삼 수필문학작가회 명예회장님과 이자야『수필뜨락』편집 주간님, 김학구 교수님이 이 글을 발표할 수 있도록 도와주심에 감사드린다. 그리고, 글짓기 동료 수필가이자 사진작가 정택영(삼우 유니버설 CEO)님이 바쁜 시간을 쪼개가며 서예 작품을 찍어 주시어 고마움을 전한다.

  내가 서예에 입문한 건 아내 조언의 결과다. 2009년 어느 날, 봉사활동을 마치고 온 아내는 "당신도 노후 취미 생활을 위해 뭔가 배워봐요."라는 말에 며칠 생각 끝에 초등학교 때 좋아하던 서예를 선택했다.

  언제나 옆에서 힘들 때마다 위로와 용기를 준 사랑하는 아내(오미라)와 두 딸, 진숙·문숙의 아낌없는 응원에 고마움과 사랑한다는 말을 전한다.

  끝으로 이 책이 나오기까지 애쓰신 도서출판 미담길 관계자 여러분께도 감사드린다.

2025년 7월
저자 **박한목**

독도

한반도 동쪽 끝에 우뚝 선 막내둥이
폭풍우 몰아쳐도 아랑곳 아니하고
동해의 지킴이 되어 꿋꿋하게 서 있네

무시로 거센 파도 아득히 몰려오면
갈매기 나래 접고 앉았다 가는 쉼터
베푸는 너그러움에 찾아드는 길손들

그 누가 뭐라 해도 영원할 우리 땅
수천 년 세월 동안 지켜온 배달의 얼
대한의 천연기념물 아름다운 독도여!

1부
/
작은 선행

일출 그리고 일몰

먼동이 트고 주홍빛 동쪽 하늘에 떠오르는 태양이 찬란한 빛을 발하면 세상 모든 것이 깨어나서 활동을 시작한다. 붉게 타오르는 일출 모습은 보기만 해도 힘이 용솟음치는 듯한 활력을 느낀다. 쉬지 않고 자전하는 지구에 사는 우리는 아침마다 눈부시게 빛나는 햇살을 만나는 호사를 누린다. 아침 해를 보며 저마다 그날에 할 일이 계획대로 잘 되기를 바라는 맘은 한결같다.

여러 해 전부터 핸드폰에 담던 일출 장면을 이젠 찍기가 어렵게 됐다. 최근 몇 년 전에 세워진 초고층 아파트가 앞을 가로막아 전보다 30여 분이 지나야 해가 뜨기 때문이다. 뒤늦게 높디높은 아파트 너머로 고개를 내밀지만, 사진을 찍기에 알맞은 시간이 아니다. 해 뜨는 모습은 수평선이나 산등성이처럼 공제 선상에서 떠오를 때라야 선명하게 볼 수 있어서 사진 찍기가 좋다. 좀 더 떠오르면 강한 빛으로 눈이 부셔서 찍기가 어려워진다. 전문 기술이나 특수 장비라야 찍을 수 있으리라 생각한다.

어느 날, 구름 한 점 없는 쾌청한 날씨란 예보를 보고 해가 떠오를 시간을 맞추어 창가에 서서 기다렸다. 티 없이 맑은 하늘이라도 해 뜨는 동쪽 끝에는 구름이 얼기설기 걸쳐 있어서 볼 수 없을 때가 많다. 청명한 날씨에도 그곳에만 구름이 서려 있는 게 얄밉지만, 대자연의 민낯이니 어디에 하소연을 할 수도 없다. 그러고 보니 일몰도 별반 다르지 않다. 아무리 좋은 날씨라도 해가 지는 서쪽 하늘은 구름이 살짝 가려서 일몰을 못 볼 때가 종종 있다. 인간도 자연 속의 일원임을 생각할 때 여기에 불만을 말한다면 지나친 욕심이지 싶다.

해가 뜨고 지는 위치는 계절에 따라 이동되기에, 여름에는 서쪽에 있는 아파트 너머로 해가 진다. 그나마 다행인 것은 봄, 가을에 해가 떨어지는 곳은 고층이 없어서 해거름을 볼 수 있다. 그런데 얼마 전부터 아파트 건축 공사가 시작되더니 20층이 넘는 건축물이 세워졌다. 그만큼 서쪽 하늘도 가려진다. 저녁노을을 바라보는 즐거움을 빼앗긴 기분이라 서운하지만, 도시 생활은 어디 가나 고층 아파트가 들어서 있으니 그러려니 할 수밖에. 해넘이조차 보기 어려워졌으니, 지금껏 집에서도 일출과 일몰을 볼 수 있었다는 게 행운이었다는 걸 실감한다. 아침에 뜨는 해나 저녁에 지는 해를 찍는 즐거움을 이제는 내려놓아야 할까 보다.

낮이 긴 하절기엔 한 시간쯤 지레 아파트를 넘어가기에 저쪽은 밝은 햇볕이 비치는데, 여기는 별안간 그늘이 드리워져 딴 세상이 된다. 마치 따돌림을 받은 듯하지만, 아파트 생활의 단면이 아니겠는가.

어느 운수 좋은 날, 서쪽 하늘이 주홍빛으로 곱게 물들면, 하늘은 어느새 금빛 바다를 이룬다. 해 뜨는 모습도 좋지만, 어쩌다 만나는 저녁노을은 혼자 보기 아까울 만큼 장관이다. 오래전 바닷가에서 본 황금빛 윤슬을 떠올릴 만큼 멋진 모습이다.

석양에 비치는 아름다운 황혼을 좀 더 지속됐으면 하는 바람으로 바라본다. 황혼기를 맞은 이들의 마음속에는 자신의 처지와 너무도 닮았음을 실감한다. 상념에 잠겨 바라보는 사이, 노을은 서서히 어둠 속으로 가라앉는다.

지난가을 어느 날, 소공원에서 몸이 불편한 노인을 만난 일이 있다. 근처에 산다는 간단한 인사를 나눈 후, 인생길이 서서히 저물어감을 느낀다며 쓸쓸한 표정으로 시선을 돌린다. 한때는 자신감이 넘치는 삶을 살았는데, 이 모양이 될 줄은 상상도 못 했다면서 서글픈 맘을 털어놓는다. 여유롭진 않더라도 측은해 보이거나 초라해 보이지 않으면 좋겠다는 게 노년의 삶을 사는 이들의 다 같은 소망이다. 주변에 부담을 주지 않고, 있는 그대로 조용히 자취를 감추고 싶다고들 얘기한다.

누구라도 인생의 후반기에 들어서면 지나온 자취를 되돌아본다. 남에게 불편을 끼치지는 않았는지, 마땅히 해야 할 일을 못 본 체하지 않았는지, 꼭 해 보고 싶은 걸 아직 못 했는지, 크든 작든 남에게 선행을 베풀어봤는지. 두루두루 반추해 보는 시간을 갖는다.

일출과 일몰 장면을 집에서 편히 즐겼지만, 그런 혜택도 서로 나눈다는 열린 생각을 하니 맘이 편하다. 저무는 인생의 길목에서 자신의 흔적을 어떤 모습으로 세상에 남길지는 자신이 풀어야 할 과제다. 어쩌다 만난 노을이 차츰 퇴색되어 가라앉는 모습이 내게 정리할 때를 일러 주러 찾아온 신호가 아닐는지.

빛나는 은퇴

　얼마 전, 뜻깊은 은퇴식에 다녀왔다. 서예 강사 선생님의 은퇴를 기념하여 제자들이 지금껏 배운 실력으로 정성스레 준비한 작품을 서예 교실과 복도를 이용하여 조촐하게 전시회를 열었다.

　행사가 열리는 3층에 들어서면 화환이 눈에 띄고, 그 반대쪽 벽을 장식한 접이식 부채들은 꽃밭에 앉은 나비인 양 시선을 빼앗는다. 그 속에서 문인화는 각양각색의 우아한 멋 또한 일품이다. 내부에 들어서니 선생님이 상기된 미소로 우리를 맞이하며, 준비된 리본을 가슴에 달아주신다. 제자들이 수공예 매듭으로 만든 갖가지 모양의 리본이다. 벽에 걸린 서예 작품은 각종 공모전에서 대상, 우수상, 특선 등 다양한 수상 작품들도 여럿 포함되었다.

　나의 졸작도 전시에 동참하는 영광을 얻었다. 행사장 중앙을 차지한 탁자에는 장식용 양초가 도열하듯 나란히 세워져 있다. 거기에는 캘리그라피 기법의 개성 있는 붓의 자취가 개별 이름으로 참여하고 있다. 하나하나 정성으로 준비했음이 눈에 띈다. 지금까지 여러 전시회를 다녀봤지만, 어느 곳보다 가족적이며 정이 넘치는 행사였다. 여성 제자들이 고운 한복 차림으로 스승님을 존중하려는 모습이 가상하다.

 선생님도 흥분을 감출 수 없는 듯 엷은 미소를 잃지 않고 만족스러운 표정이시다. 인사 말씀에서도 이렇게 판이 커질 줄은 몰랐다며 조금은 긴장된 기색마저 엿보인다.

 오늘 무사히 은퇴하는 건, 지도를 잘 따라준 여러분의 덕분이라 하셨다. 20년을 한결같이 이 자리에서 제자들을 지도하시어 많은 작가를 배출했으니, 보람도 적지 않았으리라. 나도 10여 년 전에 한글 서예 기초를 2년간 지도받았다. 지금도 졸작이나마 해마다 두어 편을 몇 군데에 출품하고 있다.

 선생님은 온화하고 정이 많으며, 늘 수강생을 살피어 개인의 기량에 맞게 구체적으로 지도하시는 세심한 분이시다. 평소 청정심(淸淨心)을 지니고 남에게 베푸는 걸 즐기셨다.

 내가 서예에 입문한 건 자영업을 할 때였다. 늦게 시작한 만큼 열심히 배우기로 맘먹었다. 그러나 매주 한 번 출석하는 것도 이런저런 사정으로 지각하기 일쑤였다. 가방도 없이 비닐봉지에 서예 도구를 넣어 다니는 나를 눈여겨보셨는지, 선생님은 쓰던 것이라며 크고 튼튼한 가방 하나를 주셨다. 뜻밖의 선물을 감사히 받아 지금도 서예 전용으로 요긴하게 쓰고 있다.

 많은 예술 단체가 그렇듯이 서예 분야도 수많은 협회에서 해마다 작품 공모전을 여는 행사가 있다. 선생님은 초보자들에게도 작품을 출품해 보라고 권유하셨다.

 서예 작품을 출품하려면 '낙관'이 필요하다. 제일 먼저 낙관을 준비해야 하는데, 처음이라 조금은 망설여지기도 했었다. 그런데, 선생님이 낙관을 손수 준비해 주셨다. 우리 초보 세 명은 너무도 감사해서 손도 내밀지 못했었다. 서예용 낙관은 돌로 새긴다. 비용도 만만찮을 텐데 이렇게 꼭 필요한 낙관을 선생님이 마련해주셨으니, 잊지 못할 선물을 받은 것이다. 이토록 다정다감하고 베풀기를 좋아하시는 선생님과의 인연을 어찌 잊으랴. 지금도 작품을 출품하기 위해 그 낙관을 찍을 땐, 서예가의 자부심을 소중히 여기시던 선생님이 생각난다.

여러 해 동안 서로 다른 지역에 살며 왕래가 없어 소식을 모르다가 지난여름에 선생님의 은퇴 소식을 받았다. 그때의 동료 수강생이 어렵사리 알아냈다며 내게 연락해준 것이다.

파란 하늘이 눈부신 가을날, 행사장에는 모처럼 반가운 얼굴들로 가득하다. 오랜만에 만난 선생님은 세월이 머문 듯 변치 않은 고운 모습이시다. 머리에 서리가 내리긴 했지만. 무엇보다도 내가 아직 붓을 놓지 않고 있다는 걸 반기셨다.

쉴새 없이 바쁘게 살아가던 현대인들도 일선에서 은퇴하고 황혼기가 되면, 남아도는 시간에 하릴없어 서성이는 일이 흔하다. 노년에 취미생활로는 서예만큼 좋은 것도 드물다고 생각한다. 내가 늦은 나이에 서예에 입문한 건 탁월한 선택이었다고 가까운 지인들이 말한다. 이렇게 좋은 서예 학습을 강산이 두 번이나 변하는 세월 동안 한결같이 지도해 주신 선생님께 진심으로 감사드린다.

한평생 자기가 좋아하는 일을 하다가 은퇴하는 이는 보람되고 행복한 삶을 살았다고 말해도 좋을 것이다. 강단을 떠나시는 스승님의 마음도 같으리라 믿고 싶다.

아름답게 빛나는 선생님의 은퇴를 축하드리며, 앞날에 건강과 행운을 빕니다.

영화 '말모이'를 보고

새 모이가 아니고 '말모이'라니? 처음엔 이런 궁금증을 가질 만큼 생소했다. 이 영화를 먼저 본 사람들 중에서 별로 재미없다는 말을 더러 들었으나, 내 생각은 달랐다.

영화는 재미로 보는 것이 보통이지만, 고생 끝에 어렵사리 뜻을 이루거나 위기를 극복해 나가는 짜릿한 내용 그리고 교훈적 목적으로도 많이 본다. 영화 감상은 간접 경험을 통하여 대리만족을 느끼는 통쾌함이 그만이다.

'말모이'는 한글이 오늘에 이르도록 지켜내기 위하여, 말로 다 할 수 없는 어려움을 겪은 일들을 생생히 보여주는 영화라, 늦게라도 보기를 잘했다고 생각한다. 나라의 주권을 송두리째 빼앗겼던 암울한 시대에, 모든 걸 강탈하려는 극악무도한 일제 강점기를 온몸으로 견뎌내야 했던 때가 되살아나는 것 같아 가슴이 턱 막혔다.

일제는 우리의 민족정신을 말살할 목적으로, 학교에서 조선어 교육을 폐지하고 아예 우리말을 쓰지 못하도록 탄압과 폭행을 자행했다. 그 후로 어린 학생들은 우리말을 하지 못하는 경우도 적지 않았다니,

얼마나 가슴 아픈 일인가. 그뿐 아니라 창씨개명이란 어처구니없는 명목을 내세워 대대로 써오던 우리의 성과 이름까지도 일본식으로 쓰라는 강요에 시달리는 수모를 당해야 했다. 탄압을 받을수록, 조선어 사전을 완성하여 후대에 남겨야 한다는 사명감으로 똘똘 뭉친 조선어학회 동지들이 한없이 존경스럽다.

조선어는 처음엔 띄어쓰기가 없었으나, 1877년 영국 선교사 존 로스(Jon Ross)에 의해서 처음 도입된 걸로 알려졌다. 그 후 1896년 서재필, 주시경과 미국 선교사 헐버트 등이 함께 만든 『독립신문』에 띄어쓰기를 최초로 적용했다고 한다. 주시경 선생께선 조선어 사전의 필요성을 절실히 깨닫고 연구에 몰두하여 맞춤법, 점 찍기 등, 말본의 기초를 세웠다. '한글'이란 이름도 선생께서 붙였다고 한다. 남다른 열정으로 많은 공을 세웠으나, 완성을 보지 못한 채 아깝게도 생을 마감하셨다.

세월이 흘러 원고마저 사라졌던 것을 우여곡절 끝에 찾아내어, 조선어학회에서 끊임없이 노력을 쏟았으나 진척은 더디기만 했다. 일본의 감시를 피해서 하는 일인지라, 진행 과정마다 갈수록 어려웠지만 그렇다고 멈출 수는 없었다.

조선어학회 동지 여러분이 끈질기게 노력한 끝에 13년이란 긴 기간을 거쳐 비로소 조선어 사전 준비에 필요한 자료를 모을 수 있었다. 모두가 한마음 한뜻으로 우리 말과 글을 목숨처럼 소중하게 여긴 결과였다. 해방은 반드시 올 것으로 믿고서, 그 후를 기약하는 마음으로 사력을 다해 조선어 사전에 매진하는 모습이 무척이나 감동적이다. '말모이'는 그토록 천신만고(千辛萬苦) 끝에 이룬 조선어 사전이다.

극장에서 소매치기를 들여보낸 일로 쫓겨난 판수(유해진 분)는, 아들의 밀린 학비를 내기 위해 남의 가방을 훔친다. 그러나 거기에 돈은 없고 쓸데없는 종이 조각만 가득 들어 있었다. 일자리를 구하던 중, 과거 감방에서 판수의 도움을 받았던 이를 만났다. 그를 통해서 만난 이는 뜻밖에도 가방 주인 정환(윤계상 분)이었다. 가방 안에는 돈보다 귀한 조선어 사전을 위한 원고가 들어 있었다. 문맹인 판수는 글을 배운다는 조건으로 어렵사리 일자리를 얻었다. 이렇게 거북한 인연으로 만나 같이 일을 하자니 사사건건 충돌하며 위기를 맞는다. 그러나, 날이 갈수록 차차 원만하게 변화돼 문맹이던 판수가 우리말의 소중함을 깨달아가며 고비마다 위기를 모면하는 역할도 해낸다.

　표준말 정리를 위해 전국 사투리 모음이란 난관을 만났을 때는, 판수 감방 동기들이 각기 다른 고향 사투리를 말해 한 부분이 정리되는 통쾌한 장면도 볼 수 있었다.

　판수의 아들 덕진(조현도 분)은 아버지가 조선어학회에서 일한다는 이유로, 학교에서 심한 폭행과 갖가지 만행에 시달리는 장면은 차마 눈 뜨고 볼 수 없이 가슴 아팠다.

　오늘날 지구상에서 사용하는 언어는 3천여 종류에 달한다고 한다. 그중에서 체계화된 언어와 문자에 사전까지 갖춘 건 30개를 넘지 않는다고 하니, 한글이 얼마나 소중한 존재인지 알 수 있다. 현재 전 세계에서 한글을 가르치는 나라가 150여 개국에 이른다는 건 큰 박수로 환영할 일이다.

　지구촌에 사는 많은 민족 중에는 언어는 있어도 문자가 없어서 기록으로 후세에 남겨두지 못하는 일이 많다고 한다. 그래서 남의 글을 이용하자니 그게 어디 쉬운 일인가. 한글은 읽고 쓰기 쉬워서 많은 나라에서 제2외국어로 채택한다는 건 자랑스러운 일이 아닐 수 없다.

인도네시아 '찌아찌아족'은 한글을 공식 문자로 정한 지 십 년이 훨씬 지났다. 뒤이어 솔로몬제도 2개 주와 볼리비아의 '아이마라'족도 한글을 쓰고 있다는 건 알려진 사실이다.

　최근 보도된 바에 의하면, 세계 문자 올림픽이 열렸는데 총 27개국이 참여한 가운데 2회 연속 우리 한글이 금메달을 당당히 수상했다. 이렇게 한글이 세계 으뜸이란 평을 받은 걸 보면, 미래에는 한글이 지구촌 공통문자가 될 날도 머지않으리라 확신한다.

　그 숱한 어려움에도 조선어를 지키려고 몸도 사리지 않고 매진했던 영화 '말모이' 관람을 한 건 천만다행이었다. 세계 제일로 평가를 받는 한글을 창제하신 세종 임금께 감사한 마음이 날로 새로워진다.

　이 영화에서 기억에 남는 명대사들이다.

"사람이 모이는 곳에 말이 모이고 말이 모이는 곳에 뜻이 모인다."
"말은 민족의 정신이요, 글은 민족의 생명이다."
"한 사람의 열 걸음보다 열 사람의 한걸음이 더 큰 걸음이다.

대통령은 어디 갔노

　오래전 가전제품 대리점에 근무할 때의 일이다. 70년대 어느 여름날, 50대 후반쯤의 할머니 행색의 고객이 12인치 흑백 TV를 머리에 이고 대리점에 들어왔다.
　"어서 오세요. 출장 수리도 되는데 힘들게 가져오셨어요?"
　"돈이 엄쓰니 싸게 고칠라꼬 가져왔지예."
　"예, 그랬군요"
　고장 내용을 적은 후, 찾아갈 시간 약속을 해 드렸다. 당시 나는 매장의 총책이었지만, 수리기사의 일정이 바쁜 날이라 과거 경험을 살려 수상기를 고쳐서 시험 점검까지 해 두었다. 좀 남루해 보인지라 수리비는 안 받기로 맘먹고 있었다.
　할머니는 저녁 방송을 보기 위해선지 약속 시간보다 좀 미리 오셨다. 수상기를 켜서 확인한 후 "수리비는 무료입니다." 하며 머리에 이어드렸더니, 무료란 말에 얼굴이 밝아지며 "복 받으실 낌니더."라는 말을 남기고 주름진 얼굴에 미소를 가득 담아가셨다.
　그런데 한참이 지난 후, TV를 이고 매장을 들어서는 그녀는,

"아재요, 시골 사람이라꼬 무시 하능교. 돈 낼 테니 제대로 고쳐 주이소."

왼손 주먹을 펴며 구겨진 500원짜리 지폐를 번쩍 들어 보였다. 다시 확인해 봐도 역시 정상이었다. 이유를 물으니,

"대통령은 어디 갔노."

"무슨 말씀이세요?"

어리둥절하여 되물어 봤더니, 수상기를 켜면 이내 대통령이 나왔었는데, 아까부터 여태껏 텔레비전을 켜놔도 대통령이 한 번도 안 나온다는 것이다. 그 말을 듣고 잠시 생각하다가 "차 한 잔 드릴까요?" 해도 고개만 가로젓는다.

대통령이 안 나오는 것을 설명으로 그녀를 설득하기가 쉬울 리 없었다. 바로 그때 훤칠한 젊은이가 들어왔다.

"자네가 피곤한데 우에 왔노?"

"가입시더."

우리에겐 죄송하다는 말을 남기고 서둘러 TV를 들고 함께 나갔다. 모자간으로 보이지만 대화가 좀 궁금했다. 바로 그때, 그녀와 인사를 주고받으며 들어오는 고객이 있었다. 알고 보니, 아들이 어릴 적에 남편이 세상을 등지자 혼자서 애면글면 키웠다는 걸 주변에는 모르는 이가 없단다. 그래서인지 비록 자식이지만, 호칭을 낮추어 부르지 않고 '너' 대신 '자네'란 말로 높혀 부른단다.

1970년~1980년대에는 TV를 켜면, 뉴스 첫머리에 "○○○ 대통령은 오늘⋯." 이런 멘트로 시작하는 것이 공식화됐을 정도였다. 그녀는 대통령이 안 나오는 것이 고장인 줄만 알고 있으니, 그 순진무구함에 할 말을 잃었다.

더 밝아진 세상

　사람이 한평생 살다 보면 젊었을 때는 멀쩡했지만, 세월이 갈수록 여기저기서 이상 징후가 발견된다. 장년기를 넘기면서 대부분이 겪는 일이라 생각한다. 언제부터인지 모르게 조금씩 변해가는 인체 기관이 노화되는 것이 느껴진다. 음식을 씹기가 불편해서 치과에 가 보면 며칠을 계속 치료를 받아야만 하고 남들과 대화해 보면 청력이 약해져서 작은 소리는 듣기 어려운 애로를 느끼기도 한다. 병원에 가서 검사를 받아보고 보청기를 착용하기도 하는 것이 노후의 보편적인 생활이다.

　눈의 건강도 다르지 않다. 5, 60대에 접어들면 서서히 노안으로 진행되므로 돋보기안경을 쓰고 신문을 읽는 것이 자연스러운 현상이다. 책을 읽을 때도 차츰 노화되는 눈으로 인하여 잘 보이던 안경이었는데, 어느 날부터 침침하고 잘 안 보이는 걸 느낀다. 불편을 해소하기 위하여 안과에 가서 검사를 통해 도수를 높인 안경으로 바꾸어야 독서가 편해진다.

　작년에 안과 검사를 받아보니, 백내장 증세가 진행 중이라는 말을 듣고 예상 밖이라 놀랐다. 노인에게 흔한 증상이라는데, 그때가 된 것일까? 나도 어느새 세월의 한가운데에 섰음을 깨닫고, 시력에 큰 불편은 못 느낀 것을 감사하며 수긍해야 했다. 60대가 되면 6, 70%가, 70대엔 80% 이상이 백내장으로 불편을 겪는다니 놀랄 일은 아니다.

작년 12월에 받아야 할 안과 정기 검사를 감염병으로 인하여 미루고 있다가 올 2월 초에 검진을 받았다. 결과는 생각보다 진행 속도가 빨라졌으니, 늦지 않게 수술을 하는 게 좋겠다는 의사의 권유를 받았다. 때를 놓치면 그만큼 어려움이 따르고, 드물게는 실명의 원인도 될 수 있다고 하여 딸들과 의논 끝에 결정을 하고, 2월 중순에 모 대학교 부속 병원에서 수술을 받기로 예약했다.

인체에서도 가장 소중하다는 눈을 수술받기로 하니까 좀 불안한 것이 사실이지만, 모든 것을 믿고 맡기기로 했다. 백내장은 위험성이 낮고 성공률이 높은 비교적 간편한 수술이라고 한다. 물론, 고도의 기술진과 첨단 의료 장비가 갖추어졌기에 가능한 일이지만.

백내장 수술은 보통 한쪽씩 따로 한다. 오른쪽 눈을 먼저 하고 보니 놀랍도록 밝아졌다. 왼쪽 눈과 비교해 보니 사물이 밝고 선명해서 한마디로 표현하기가 어렵다. 거실 등이 이렇게 밝았던가? 보이는 물체마다 새로 세척한 것처럼 깨끗하다. 하늘은 또 어떻고. 하늘이 저렇게 파랬던가? 남태평양 섬나라에서 보았다는 코발트빛 하늘을 연상해 보기도 했다. 나의 두 눈의 차이는 흐린 날과 맑은 날의 하늘을 보는 듯하다고 할 수 있다.

백내장은 눈의 수정체가 뿌옇게 혼탁해져서 시력이 저하되는 현상이다. 30년여 전에는 수정체에 낀 더께를 긁어내는 방법이었다. 그래서 시일이 지나면 다시 같은 현상이 일어나는 건 피할 수 없었다고 한다. 그 후로 인공 수정체가 개발되어 혼탁해진 수정체를 제거하고, 인공 수정체로 갈아 넣는 방법으로 진보되었다.

처음엔 단초점 렌즈만을 사용하여 밝아진 점은 만족하지만, 멀고 가까운 물체를 모두 잘 볼 수 없는 아쉬움이 있었다. 이런 점의 해결을 위해서 연구한 결과, 다초점 렌즈 개발에 성공한 것이다. 이것은 먼 거리, 중간거리, 가까운 거리를 모두 볼 수 있으니 획기적이다. 그런데 많은 장점 뒤에는 단점도 있었다. 빛 번짐이나 눈부심, 고가의 가격도 만만찮다.

최근에는 이 두 가지 렌즈의 중간형으로 보완된 것이 개발되어 많이 사용된다고 하여 나도 이 렌즈를 착용했다. 이것은 음식 요리나 장보기, 컴퓨터 사용 등 일상생활에 알맞은 거리에서의 선명한 시력에 중점을 두었으며, 빛 번짐이나 눈부심을 최소화한 차세대 인공 수정체로 호평받고 있다고 한다.

고령화 시대가 도래하여 평균 수명이 높아짐에 따라 백내장으로 불편을 겪는 인구도 갈수록 많아지고 있다. 대체로 60대 이후에 발견되던 것이 몇 년 전부터 4, 50대에서도 15% 이상 늘었다고 한다. 핸드폰이나 전자기기 사용이 많아짐에 따른 변화라고 한다. 과학 문명의 혜택을 받는 대가의 일부분인가보다.

노후의 건강은 장담할 수 없는 게 현실이다. 좀 불편하면 바로 병원을 찾는 것이 자신과 가족의 걱정을 덜어주는 지름길임을 잊지 말아야겠다. '호미로 막을 것을 가래로 막는다.'란 속담을 남의 일로만 볼 것이 아니다.

백내장 수술을 받고 보니, 온 세상이 환하다. 한쪽만 해도 이렇게 밝은데, 양쪽을 다 한 후에는 작은 글씨만 아니면 더욱 또렷해서 책을 읽기에도 편하지 않을까. '몸이 천 냥이면 눈은 구백 냥'이란 어느 광고 문구처럼, 그 무엇보다 소중한 백내장 수술을 통하여 더 밝아진 세상을 볼 수 있는 나는 행운아이다.

독도는 민족의 자존심이다

검푸른 동해에 머다랗게 자리 잡은 섬 하나, 외로움을 운명이려니 하고 묵묵히 떠 있다. 수백만 년을 그 자리에서 바닷새나 물개의 쉼터가 되어주는 너그러움에, 절로 고개를 숙이게 된다.

내가 독도에 관심이 높아진 건 3년여 전, TV 프로에서 한국사 방송을 보던 중 독도 역사를 듣고부터다. 강사의 맛깔스러운 말솜씨도 그러려니와, 시청하며 궁금했던 게 많이 해소됐기 때문이다. 얼마 전에 도서관에서 필요한 책을 찾다가, 『독도는 일본 땅』이란 도발적인 제목을 발견하고 함께 빌려왔다. 시도 때도 없이 기회를 엿보며, 독도를 넘보는 저들의 간악한 계략과 술수가 계속되는 터라 어서 읽어 보고 싶었다. 이 책은, 독도에 관한 학술 조사를 위해 스쿠버다이버가 되어 독도 바다 수중탐사를 하며, 그에 관련된 강연을 일삼는 이수광 박사가 저술했다. 독도에 남다른 애착과 관심을 기울이고, 명확한 역사적 배경을 근거로 우리 땅이라고 주장하는 데 넘치게 공감한다. 여기엔 조사 내용이 자세히 기록돼 있어서, 그 주변 사정까지 이해하는 데 많은 도움이 되었다. TV 강의를 들을 때도 느꼈지만, 막상 책을 읽어보니 여간 복잡한 일이 아니다. 오천만이 한데 뭉쳐 대응해야만 지킬 수 있겠다는 생각이 맴돌며 떠나지 않는다. 저토록 치밀하게 준비하며 기회를 노리는 그들에 비해, 우리는 그동안 너무 무관심했던 게 아닌가 하는 생각을 지울 수 없다.

대한민국 천연기념물 336호로 지정된 독도는 누가 뭐래도 우리 땅이다. 그 옛날 해저화산 폭발에 따라 형성된 것으로 추정되는 이 섬은, 약 600여 종의 생물 생태계가 보존된 곳이기도 하다. 오래전에는 바다사자 강치의 서식지였지만, 일제 강점기에 그들의 무자비한 남획으로 아예 자취를 감춘 건 안타까운 일이다.

독도의 역사는 신라 때로 거슬러 올라간다. 지증왕 13년(서기 512년)에 우산국(울릉도, 독도)을 정벌하여 신라 영토에 귀속시켰다. 그 후 고려로, 조선으로 이어져 왔다. 1693년, 조선의 어부 안용복은 자주 출몰하는 일인들을 발견하고, 일본까지 가서 우리 영토임을 당당히 밝히고 그들의 출어 금지를 약속받기도 했다. 이거야말로 왜인들도 우리 땅임을 인정한 게 아니고 무엇인가.

일본은 러·일전쟁(1905년) 중 지리적 중요성을 인식하고, 우리 영토인 독도를 제멋대로 시마네현에 편입시켜 공표했다. 그렇지만, 그들에게 주권을 송두리째 빼앗긴 우리로서는 저항할 힘이 있을 리 없었다. 마침내 광복이 되자, 1946년에 연합군은 울릉도, 독도, 제주도, 거문도 등을 일본 영토에서 제외했으니, 명실상부한 우리 영토를 되찾았다. 이렇게 역사가 명백하게 증명하는데 임자 없는 땅이라니 말이 되는가.

일본 행정기관 태정관 지령(1877년 3월)이란 문서에서 '울릉도, 독도는 일본과 관계가 없다.'란 글이 발견됐다고 한다. 그런데도 일본은 지금까지 독도를 차지하기 위해, 호시탐탐 억지를 부리며 문제를 거론하고 있다. 이제 우리도 과거와는 크게 달라졌다. 소극적이던 데서 조목조목 반론으로 대응하는 적극성을 띠고 있다.

 그들은 세계지도에 동해를 일본해로 표기해서 퍼뜨리는 등, 우리보다 앞선 외교력으로 교묘하게 분쟁지역인 것처럼 선전하고 있다. 우리가 미처 대응하지 못하는 동안 세계 국가 약 60% 정도가 그대로 믿는다니 어처구니없는 일이다. 동해는 조선해, 한국해를 거쳐 동해에 이른 자료가 19세기 초에도 서양 세계지도에서 확인됐다는 글을 보았다. 그뿐인가, 일본군대가 1895년에 만든 '일청한군용정도'에도 독도는 명백한 조선 국경 선내에 있다고 전해진다. 역사적 근거가 이렇게 넘쳐나는데, 무슨 염치로 억지를 부리는지 도무지 납득 할 수 없는 일이다.

 1997년 외환 위기는 우리 모두 기억하기 싫은 어려움이었다. 국가 재정 위기 극복을 위해 동분서주할 때, 일본의 도움도 힘을 보태기 위하여 피할 수 없는 일이었다. 그때 그들의 요구에 따라 과거 어업협정을 파기하고 '신한일 어업협정'을 체결했다. 그 내용 중에 배타적 경제 수역(EEZ) 변경으로 인하여 독도는 EEZ 밖으로 떨어지게 됐다. 이게 그들의 노림수가 아니었겠나 싶다. 1999년에 통과된 이 법으로, 독도 근해를 일본도 공동관리할 수 있는 빌미가 된 셈이다. 이제라도 이 조항을 종전처럼 되돌리고 독도가 EEZ 내에 들어오도록 모든 노력을 기울여야 하지 않겠는가. 이 문제는 어느 정도 대가를 치르는 한이 있어도 절대 물러설 수 없는 일이라고 생각한다.

 나는 3년 전, 「독도의 날을 아시나요」라는 수필을 『문학 광장』지에 발표 하여 등단했다. 그 후 경북 예총에서 실시하는 '독도 문예 대전'을 우연히 알게 되어 서예 작품을 출품한 경험도 있다. 이런 기회를 통하여 작은 힘이나마 보탬이 된다면 더 바랄 게 없다. 이제부터라도 독도에 대한 인식을 높이기 위해 다양하게 홍보를 늘리는 한편, 각종 문화행사에 학생과 젊은이들도 많이 참여할 기회가 주어졌으면 하는 게 나의 바람이다.

　국토의 동쪽 끝에 우뚝 서서 동해를 지키는 늠름한 독도는 우리 민족의 자존심이다. 맑고 푸른 물결이 춤추는 동해는 해안 자체가 아름다운 장관을 이루어 우리의 발길을 붙잡는다. 아침 해가 솟는 희망찬 바다, 겨레의 혼이 살아 숨 쉬는 동해의 파수꾼 독도여! 이제 오천만이 똘똘 뭉쳐 아무도 넘보지 못하도록 지켜내리라.

　"독도는 한국 독립의 상징이다. 이 섬에 손대는 자는 한국인 모두의 완강한 저항을 각오하라"(1953년 7월, 우리나라 변영태 외무장관의 독도 침탈 야욕을 규탄하는 연설의 일부)

(2023. 9. 7. 제13회 대한민국 독도 문예대전 산문부 특선작)

독도의 날을 아시나요

"독도의 날이 언제인지 아세요?" 물으니, "글쎄요 언제인데요."라고 반문한다. 또 다른 지인에게 물으니, "그런 날도 있어요?" 역시 예상대로다. 아직은 홍보 부족이다.

독도는 경상북도 울릉군 울릉읍 독도리가 주소지만 지형상 강원도 앞바다 국토의 동쪽 끝에 자리하고 있다. 울릉도의 부속 도서인 독도는 수백만 년 전 화산 활동에 의하여 생겼다고 한다. 이 섬은 동도와 서도를 비롯하여 크고 작은 섬들이 90여 개가 옹기종기 모여 있다. 주변 바다에는 한류와 난류가 만나는 곳이라 수산자원이 풍부함은 물론이고 군사적, 과학적으로도 매우 중요한 곳이라고 한다. 바다 한가운데 떠 있으니 물새들의 휴식처로도 더없이 좋은 곳이다. 이곳에는 해국, 섬기린초, 갯장대, 땅채송화 등 작은 식물들이 바람 거센 바위섬에서 꽃을 피우며 잘 적응하여 살고 있다. 예전에는 바다사자 강치의 서식지로 널리 알려졌지만 일제 강점기에 일인들의 무자비한 남획으로 지금은 자취를 감췄다니 안타까운 일이다.

독도는 신라 22대 지증왕(512년) 때에 섬나라인 우산국을 정벌 통합

했으며 지금은 울릉도로 부르고 있다. 독도는 우산국의 부속 섬이다. 일본은 러·일전쟁 이후(1905년) 독도의 지리적 중요함을 알고 불법 침탈했지만, 우리는 국권을 그들에게 빼앗긴 상태였으므로 어찌할 수 없는 상황이었다. 그러나 해방이 된 지 70여 년이 지난 지금까지 그런 주장을 하고 있으니 참으로 어이없는 일이다.

역사적으로 우리 땅임을 증명하는 자료가 수없이 발견됐지만 엉뚱한 주장을 멈추지 않는 것은 이해할 수 없다. 더구나 일본 초등학교 교과서에까지 왜곡된 역사를 가르친다니, 저들의 몰염치에 놀라움을 금할 수 없다.

우리나라에서 발견된 수백 년 전 고지도에는 물론이고, 일본 자국에서도 고지도에 독도는 조선 땅으로 기록된 명백한 자료들이 발견되었다. 그런데도 계속 야욕을 멈추지 않는 그들에게 할 말을 잃고 만다.

최근 텔레비전 방송에서 '선을 넘는 녀석들'이란 프로그램을 관심 있게 봤다. 주로 우리나라 역사 얘기인데 얼마 전에는 울릉도 독도에 관한 역사적 사건을 소개했다. 프로 진행자 S 선생의 재치있는 설명에 빠져들다 보니, 저절로 국사 공부가 되었다. 1693년에 일본 어부들에게 납치됐던 안용복은 독도와 울릉도가 조선 땅임을 주장하고 풀려났는데, 그런 기록들이 울릉도 안용복기념관에 있다고 한다.

독도는 우리가 사실상 점유하고 있는 우리 땅이므로 일본에서 자기네 땅이라고 주장해도 적극적으로 대응하지 않은 측면도 있는 것 같다. 그렇지만 일본은 국제법 등을 살펴 가며 소송 등 만약에 대비하는 치밀한 준비를 차곡차곡 진행하면서 영유권 분쟁 지역임을 세계에 교묘히 선전하고 있음을 간과해서는 아니 될 것이다.

1,500여 년 전 신라 때부터 입증된 자료들도 넘쳐나지만, 지리적으로도 독도는 울릉도와 거리가 87.4km이고, 일본 시마네현 오키섬과

는 157.5km이다. 어느 것 하나도 이치에도 맞지 않는 주장을 끊임없이 하는 일본의 속셈을 도무지 알 수가 없다. 이제는 우리도 좀 더 적극적으로 방어하기 위하여 현재보다 많은 지원과 오천만 국민 모두가 관심을 갖도록 홍보를 늘려야 할 때라고 생각한다.

10여 년 전 집안 종친회에서 주최한 울릉도, 독도 관광 행사가 있었는데, 난 사정상 참석하지 못했다. 울릉도는 경치가 좋아 시선이 가는 곳마다 볼거리가 많은 즐거운 여행이었다고 갔던 가족마다 만족감을 표했다. 다만 안타까운 것은 그때 독도의 기상 조건이 나빠 배가 접안을 할 수 없어서 독도를 배에서 바라만 보고 온 것은 두고두고 아쉽다고들 했다. 몇 년이 지난 후, 다시 계획하던 중에, 별안간 집안에 예상 못 한 일들이 겹치는 바람에 취소되어 뜻을 이루지 못했다. 독도의 역사를 좀 알고 나니, 가보고 싶은 생각이 더욱 간절하다.

일본은 2005년 3월 15일, 다케시마(독도를 칭하는 이름)의 날을 제정하였다. 우리도 다음날인 그해 3월 16일 경북 의회에서는 독도의 날을 10월 25일로 정하여 기념하고 있다. 10월 25일은 고종황제가 1900년에 독도를 울릉도 부속 섬으로 정한 날이기도 하다. 그러나 아직은 국가기념일로 제정이 되지 않아 지금도 천만인 서명운동을 벌이는 중이라고 한다.

「독도는 우리 땅」 노래 4절 뒷부분을 적어본다.

하와이는 미국 땅 / 대마도는 조선 땅 / 독도는 우리 땅

'독도의 날 10월 25일'이 국가 제정 기념일로 제정되기를 기다리는 마음 간절하다.

매봉산 해맞이

계묘년 토끼해, 첫날이 밝았다. 매년 하던 해맞이 행사가 불청객 코로나19로 인해서 끊겼다가 3년 만에 다시 열렸다. 주민센터에서는 이 행사에 동참해 줄 것을 며칠 전에 문자로 알려왔다. 나는 반가운 마음에 참여하기 위해서 이른 시간에 집을 나섰다. 일기예보엔 덜 춥다고 했지만, 새벽 공기는 여전히 차다. 만일을 생각하고 두툼하게 입고 나간 것은 다행이었다.

올해의 소망을 마음속에 새기며 해맞이 행사가 진행될 매봉산을 향해갔다. 매봉산을 오르려면 잣절공원 길을 통과해야 한다. 많은 사람이 공원 공터로 삼삼오오 모여든다. 가족이나 친지들이 함께 오는 경우도 많았다. '2023년 계묘년 해맞이 행사 소망 기원문 게시대'라는 제목이 붙은 긴 게시대가 세워져 있다. 행사에 오는 이마다 마련된 쪽지에 소망을 적어서 매달고 지나간다.

나는 몇 년 전 '수필가가 되고 싶다.'라는 소망을 여기에 적어 걸었는데, 그 소망을 이루었다. 그때 기억을 떠올리며 이번에는 '가족의 건강과 화목한 가정이 변함없기를 소망한다.'라고 써서 걸었다. 바로 앞에서는, 토순이와 토돌이 복장을 한 도우미들이 양쪽에 서서, 사진 찍고자 하는 이들에게 귀여운 배경이 되어준다. 나도 남들처럼 차례대로 줄을 섰다가 한 컷 찍었다. 인증샷 다음 코너에는 핫팩과 손수건을 나누어 준다. 몇 발짝만 더 올라가니 커피를 제공하는 곳이 마련되어 있어, 차 한 잔으로 몸을 녹이고 행사장인 정상으로 향한다.

층층 계단을 올라 정상에 오르니, 벌써 많은 사람이 모여 웅성댄다. 일출을 보기 좋은 곳으로 가려니, 밀려드는 발길로 쉽게 지날 수가 없을 정도다. 속속 모여드는 인파로 삽시간에 콩나물시루를 연상케 한다. 서로 옆 사람에게 피해를 주지 않으려고 조심스럽게 서서 동쪽 하늘만 바라 본다.

일출 예보 시간이 7시 47분이니, 아직도 40분쯤 기다려야 한다. 그 사이 사회자의 진행에 따라 구로구청장부터 국회의원, 구의원, 그리고 몇몇 정당의 정치인 등 십여 명의 덕담이 진행이 이어졌고, 끝으로 「붉은 해 솟다」라는 축시가 구로 문인협회장의 낭랑한 목소리에 실려 매봉산에 울려 퍼졌다.

얼마쯤 지났을까, 일출 시간이 임박했음을 짐작했는지 모두가 숨소리도 죽여가며 같은 방향을 보고 있다. 예상 시간보다 한참 지난 7시 57분에야 관악산 너머에 주황색이 진해지더니, 붉은 태양이 고개를 내밀기 시작했다. 사람들이 일제히 함성을 지르는가 하면, 스마트폰을 높이 들고 찰칵대기 시작했다. 그러는 사이 온전히 둥근 태양이 산 위에 올라섰다.

떠오른 태양은 변함이 없으나, 새해 아침에 바라보는 우리의 마음가짐이 새로워졌기에 사뭇 달리 보인다. 시시각각 찬란한 빛을 발하며 솟아오르는 태양을 보며, 저마다 이루고자 하는 소망을 비는 간절한 마음들이 엿보인다.

사진을 몇 컷 찍다가 주변이 허전하여 돌아보니, 발 디딜 틈도 없던 군중들이 무리를 지어 벌써 저만치 내려가고 있다. 해맞이 행사에는 고령의 어르신도 많이 참여했다. 경사진 곳을 내려갈 때 행여 넘어질까 염려되는데, 위험한 곳마다 돕는 손길이 있어서 보기도 좋다. 더불어 사는 아름다운 모습을 본 것 같아서 흐뭇한 마음이다. 3년 전에는 내려오는 이들에게 미리 설치해둔 천막에서 떡국을 제공했지만, 이번에는 코로나-19 감염이 염려되어 음식을 제공하는 계획이 빠진 것으로 이해한다.

개봉1동에는 그리 높지 않은 매봉산이 있어서 정상에 오르기가 어렵지 않다. 높이는 110m에 불과하지만, 남산이나 관악산은 물론, 마포에서 용산, 구로, 광명시, 잠실 롯데 123빌딩까지 다 보인다. 뒷동산처럼 언제나 부담 없이 오를 수 있어서 평소에도 이따금 씩 올라가곤 하던 곳이다.

매봉산 해맞이를 하면서, 올해는 독자들에게 잔잔한 감동을 주는 글을 써 보겠다는 의지를 재확인하고 내려왔다. 그러기 위해서는 더 많은 노력을 해야 함은 물론이다. '나중 난 뿔이 우뚝하다.'라는 속담이 있지만, 저절로 되는 것은 아무것도 없다. 비록 늦게 들어선 글짓기지만, 꾸준히 배워가며 부끄럽지 않은 글을 쓰기 위해 최선을 다하자고 다짐해 본다.

배재학당 역사박물관 가던 날

　수필 지도 강사께서 단체 대화방에 글을 올렸다. '나라사랑문인협회 역사 탐방' 안내 문구였다. 배재학당 역사박물관 관람과 수필특강이 있으니, 참여할 분은 연락 바란다는 내용이다.
　배재학당은 미국인 선교사 아펜젤러 목사의 기념관과 여기서 교육받은 많은 인재의 기념관이 있는 곳이다. 한 번도 못 가 본 곳이라 기회될 때 가보고 싶었다. 그러나 매주 화요일은 복지관에 수강 일정이 있는 날이다. 주문한 책도 있고 해서 망설여진다. 게다가 온종일 많은 비가 온다는 예보도 있어서 쉽사리 선택하기 어려웠지만, 생각 끝에 결정을 내렸다. 복지관에 개인 사정상 결석하겠다는 문자를 보내 동의를 얻은 후 역사박물관으로 향했다.
　무슨 모임이든 늦지 말아야 한다는 평소 소신대로 쏟아지는 빗속을 뚫고 시간 내에 약속 장소인 대한문 앞에 도착했다. 예상과 달리 회원들은 눈에 띄지 않고 임원들뿐이다. 날씨 탓이겠거니 하며, 늦게 도착할지 모를 이들을 위해 시간을 넘기며 기다렸지만, 오는 이가 없어서 박물관으로 이동하기로 했다. 가까운 거리지만 쏟아지는 빗물로 길은 물바다가 됐다. 처음엔 조심조심 가려 딛다가 신발에 빗물이 들어가 질척거려서 그 뒤부턴 체념하고 말았다.

비에 쫓기어 밖에서 여기저기 둘러볼 수가 없으니, 순서를 바꿔 맨 나중에 하려던 수필특강을 실내에서 먼저 했다. '신변잡기는 수필이 아니다'란 주제로, 전병삼 수필문학작가회 회장의 특강이 있었다. 자기 주변에서 일어난 잡다한 일을 그대로 기록한 건 수필이라 할 수 없다는 것이다. 회장께서는 언어학을 전공한 학자임이 강의 중에도 나타난다. 맞춤법이나 문장부호의 중요성은 빼놓지 않고 등장한다. 작가는 글을 쓴다는 말보다 짓는다는 표현이 바람직하다고 역설한다.

수필은 붓 가는 대로 쓰는 글이란 말은 동의할 수 없는, 어설픈 졸견(拙見)이란 표현까지 하며 잘못된 '수필론'을 바로잡아야 한다고 강조한다. 끝날 때는 많은 박수가 쏟아져 수필에 대한 높은 관심을 확인할 수 있었다.

뒤이어 오늘 관람을 인도하는 정기용 나라사랑문인협회 회장이 해설을 해 주셨다. 노령에도 불구하고, 카랑카랑한 목소리로 비로 인해 현장이 아닌 실내에서 하는 걸 못내 아쉬워하면서 열변을 토했다.

배재학당 출신으로 역사에 큰 족적을 남긴 이들이 많다는 걸 박물관 내부를 둘러보면서 확인할 수 있었다. 누구나 잘 아는 이승만 초대 대통령관을 비롯하여, 한글의 토대를 세워 한글이란 명칭부터 맞춤법 등 많은 역할을 한 주시경 선생관, 갑신정변 사건으로 미국으로 건너간 서재필 선생관, 그리고 나도향 시인, 김소월 시인 등, 그 외에도 박물관 벽면을 채우고 있는 많은 인물이 배재학당 출신 인재임을 알 수 있었다.

박물관을 들어서면 먼저 눈에 띄는 건 아펜젤러 목사의 모습이다. 서기 1885년에 기독교 선교를 목적으로 이 땅에 들어온 발자취가 기록되어 있다. 외국에선 '조선'이란 이름이나 위치조차 아는 이가 드물던 때에 황무지나 다름없는 이 나라를 찾아온 용기가 놀랍기만 하다. 나라의 미래를 위해 인재를 길러야 하지만, 마땅히 공부할 곳이 없음을 안타까워한다. 그는 조선 최초로 서양식 근대 교육기관을 설립하기에 이른다. 이 얼마나 큰 결단인가. 기독교의 사랑과 봉사 정신을 바탕으로 하는 교육, 문화, 사회, 종교, 정치 등 다양한 분야를 공부하는 교육기관이 필요했다. 고종황제께서는 1887년에 유용한 인재를 기르는 집이란 뜻으로 '배재학당'이란 이름의 현판을 하사했다. 이로써 배재학당은 신교육을 통해 이 나라의 많은 인재를 배출하는 메카가 됐다.

조선은 전통적 유교 사상에 의한 충효(忠孝) 정신을 기본으로, 삼강오륜(三綱五倫)의 덕목을 갖추는 걸 인간의 도리라고 믿어왔다. 외국 문물을 받아들이지 않아서 선진국의 사정은 알 길이 없고, 구습을 벗어나지 못하는 형편이었다. 그런 조선에 선교사 역할은 많은 박해와 거부감으로 난관도 많았겠지만, 기독교 정신의 실천으로 극복해낸 점이 존경스럽다. '크고자 하거든 남을 섬기라'는 성경 말씀에 기초한 봉사 정신을 교훈 삼으신 분이다.

아펜젤러 선교사는 1884년에 조선에 들어오려 했으나, 마침 갑신정변으로 인한 어지러운 국내 사정으로 일본에서 기다리다가 안정된 이듬해 4월에 들어왔다고 한다. 이런 어려움에도 굽히지 않고 조선으로 들어온 건 기독교적 사명감이 아니면 불가능했을 것으로 믿는다. 따지고 보면 아무런 연고도 없는 곳에, 어떤 대가도 바라지 않고 와서 우리를 도운 은인이요, 하늘이 보낸 선물이라고 생각해 본다.

박물관을 갈 때는 일정과 날씨 등 걸림돌로 망설였지만, 가 보고 와서 생각하니 잘 갔었다는 생각이 든다. '순간의 선택이 10년을 좌우한다'는 말처럼, 그날의 선택은 내 머릿속에 오래 남을 것 같다.

작은 선행

일요일 아침 산책을 나섰다. 간밤에 비가 내려서인지, 집 앞 소공원에 운동기구마다 물방울만 매달려있고, 사람들은 보이지 않는다. 언저리를 한 바퀴 돌다가 푸르지오 아파트 앞을 지나게 됐다. 이른 아침이라 아직 좀 어둑한데 아파트 입구로 연결되는 길 저만치에 검은 물체가 눈에 띄었다. 다가가 보니 지갑이었다. 집어서 펴 보니 핸드폰도 있고, 신용카드가 대여섯 장 꽂혀 있었다. 그뿐 아니라 틈새로 오만원권과 천원권도 보인다. 지체하지 않고 길 건너 경비초소로 가져다주고 자초지종을 말했더니, 내 전화번호를 묻는다. 그냥 주인을 찾아주라고 해도 한사코 연락처를 밝혀 달라기에 알려 주고 왔다. 지갑과 핸드폰을 모두 잃어버린 사람은 얼마나 당혹스러울까? 어서 주인에게 되돌아가면 좋겠다고 생각하며 집에 들어왔다.

오래전 가까운 지인이 지갑을 잃어버린 적이 있었다. 현금 몇만 원은 포기하면 그만이지만, 주민등록증, 운전면허증, 신용카드 등을 분실 신고하느라 그날 출근도 제시간에 못 하고 이리저리 뛰어다니며 쩔쩔매는 걸 본 기억이 난다. 몇 주 후에 면허증만 달랑 돌아왔을 뿐 그 외 것은 영영 찾지 못했다며 아쉬워했다. 자기의 소지품을 잃어버리는 것은 금전적 손해뿐만 아니라 일 년 내내 재수도 없는 것 같다며 두고두고 얘기하는 걸 봤다.

낮에 교회에 갔다 와서 핸드폰 진동을 해제하다 보니, 지갑 주인으로부터 문자가 와 있었다. 지갑과 핸드폰을 분실해서 크게 난처한 일을 당할 뻔했는데 찾아주셔서 정말 감사하다며 사례를 하고 싶다고 한다. 당연한 일을 했을 뿐이니 부담 갖지 마시라고 문자를 보냈다. 그래도 그냥 있을 수가 없으니, 계좌번호를 주시면 성의를 표하고 싶다는 것이다. '좋은 일을 했다는 즐거움에 만족하며 정중히 사양하니, 그렇게 아세요.' 하고 문자를 보냈더니, '그럼, 소중한 마음 잘 간직했다가 저도 누군가에게 베풀도록 하겠습니다. 감사합니다.'라고 답신이 왔다. 예의 바른 사람인가 보다. 얼굴도 모르는 이와 이런 문자를 주고받는 일은 기분 좋은 일이다. 작은 선행이지만 뿌듯함은 크다.

10여 년 전에 아내의 권유로 신월2동에서 독거노인 도시락 배달을 한 일이 있다. 오토바이 기동성을 이용해 여러 곳을 맡아서 3년 넘게 했지만 잘한 선택이라고 생각했다. 아내는 그 이전부터 지금까지 봉사 활동을 하고 있는데, 봉사를 마치고 돌아올 때는 행복감이 넘쳐 얼굴이 사뭇 밝아 보인다. 봉사는 받는 이보다도 제공하는 이가 더 행복하다고 늘 말하는 아내가 내게도 적극 권유를 했기에 시작하게 됐었다. 나의 수고가 도시락을 받는 이들에게 큰 보탬이 되는 건 아니겠지만 작은 도움이나마 기쁨으로 받는 모습을 보며 내가 더 즐거워졌다.

독거노인 중에 온종일 거의 누워서 생활하는 사람이 있다. 그곳에 가면 쓰레기봉투를 문밖에 내놓는 등 간단한 심부름을 할 때도 있는데, 너무나 고맙다고 해 민망할 정도다. 그런 곳은 도움의 손길이 간절하지만, 현실적으로 부족함은 어쩔 수 없나 보다. 명절 때는 3일간 아무도 오지 않아 힘들다는 말에 돌아서는 발길이 무거웠다.

한번은 눈 오는 날 도시락 준비가 늦어서 출발이 지연되었다. 길도 미끄러워 늦게 도착한 나를 보자 걱정했다며, 이렇게 눈이 많이 오는 날은 위험하고 힘드니 오지 말라고 하는 사람도 있었다. 가는 곳마다 눈길 조심하라고 따뜻한 말씀을 해 주셔서 힘든 줄 모르고 할 수 있었다. 실은 그날 눈이 8센티 정도 와서 오토바이가 두 번이나 넘어졌지만 가벼운 찰과상뿐 많이 다치지는 않았다.

우리는 더불어 사는 세상에서 살고 있다. 아무리 여유로워도 남의 도움이 없으면 살 수 없는 것을 잊을 때가 있지만, 서로 도움을 주고받는 세상임을 곧 깨닫게 된다.

요즘 학생들은 봉사 점수를 채우기 위해 봉사할 곳을 찾아다닌다고 하는데, 비록 숙제를 하듯 시켜서 한다 하더라도 한 번 봉사 활동을 해보면 또다시 찾아가는 학생이 많다고 한다. 내 손으로 남을 돕는다는 것이 얼마나 즐겁고 보람된 일인지는 경험해 본 사람만 안다. 나의 작은 선행이 온정이 넘치는 밝은 세상으로 한걸음 앞당겨질 수 있다면 기분 좋은 일이다.

한글날

볼수록 아름다운 스물넉 자는
그 속에 모든 이치 갖추어 있고
누구나 쉬 배우고 쓰기 편하니
세계의 글자 중에 으뜸이도다
한글은 우리 자랑 민주의 근본
이 글로 이 나라의 힘을 기르자

이상은 한글날 노래 2절이다.

오늘이 10월 9일, 574돌 한글날이다. 이날이 국경일로 재지정된 것은 다행한 일이다. 아침에 태극기를 달며 둘러보니, 이른 시간 때문인지 눈에 띄는 태극기가 몇 안 보인다. 생활이 힘들고 바쁜 탓일까.

요즘 3·1절 노래, 제헌절 노래, 광복절 노래, 개천절 노래, 한글날 노래 등 기념일 노래를 잘 모르는 학생이 많다고 하니, 세상이 많이 변화된 모양이다. 각종 기념일 노래를 알고 있는 것이 애국의 기본이라고 믿는 것이 착각은 아닐 터인데…. 학교에서 배우지 않는다는 게 사실이면 알 수 없는 일이다.

　지구상에는 230여 개국 6천여 민족이 살고 있다고 한다. 그중에 내 나라 내 민족의 말과 글을 가진 곳은 놀랍게도 몇 안 된다. 자기들만의 고유어를 가진 민족이 3천여 국이고 고유 문자를 기진 나라는 70여 국이며, 말과 글을 모두 가진 나라는 3, 40여 민족을 넘지 않는다는 점을 생각할 때 한글이 얼마나 자랑스러운지 새삼 깨닫는다.

　한글(훈민정음)이 서기 1997년에 유네스코 세계기록유산으로 등록되어 세계만방에 알려졌으니 얼마나 뿌듯한가. 전 세계의 문자 중에 가장 과학적이고 우수하다는 평가를 받는 것은 이미 알려진 사실이다.

　인도네시아 소수민족 '찌아찌아족'은 십수 년 전부터 한글 사용을 승인하여 배우며 사용하고 있다. 그들은 찌아찌아어를 수백 년 전부터 사용하고 있지만, 문자가 없어서 지난 일을 기록할 수 없었다. 안타까움에 골몰하던 중 배우기 쉽고 쓰기 쉬운 한글을 선택한 것이다. 그 외에도 솔로몬제도와 볼리비아 아이마라족도 한글을 표기문자로 사용한다고 전해진다.

　조선의 4대 임금 세종대왕께서 서기 1446년에 '훈민정음'을 창제하여 반포하셨다. 그러나 백성들이 배워 널리 이용하기까지는 많은 어려움이 도사리고 있었다. 훈민정음을 언문(諺文)이라 비하하며 어린이나 부녀자들의 글로 치부해 버리고, 지배계층은 한문을 진서(眞書)라고 높이 받들며 한문 사용만 고집하였다. 평민들이 글을 배우면 자신들의 권익을 유지하기 힘들 것으로 생각하여 한글 공유를 극구 저지하여 한글 보급은 오랜 기간 허송 세월을 보내기도 했다.

　그래도 일부 뜻있는 이들의 연구는 멈추지 않았다. 주시경 선생은 1905년부터 1910년 사이에 국어 문법, 『말모이』(국어사전)를 준비하는 등 많은 성과를 이루어 내셨다. 훈민정음을 다듬어서 체계적으로 기틀을 만들고 후진 양성으로 한글을 이어 오는데 주도적 역할을 하셨다. 한글이란 이름도 선생께서 붙인 것이다.

일제 강점기에는 우리 말과 글을 말살하려는 일제 치하에서 한글을 지켜내기 위하여 얼마나 많은 우여곡절을 겪었는지 모른다. 영화 '말모이'를 보면 일본의 탄압과 방해에 고통받으며 한글을 지켜내는 모습이 고스란히 담겨 있다. 이 영화를 보는 사람마다 한글을 사랑하는 마음이 더욱 깊어지리라 믿는다.

한글날은 1970년에 국경일로 지정되었다가 1991년에 휴일이 너무 많아 산업 발전에 저해 요인이 된다며 국경일에서 제외됐다. 그 후 2006년에 다시 국경일로 재지정됐으나, 공휴일은 아니었다가 2013년에야 공휴일이 됐다.

문득 생각나는 것이 있다. 1997년의 기억이다. 그해 한글날 신문을 펼쳐봐도 한글날의 기사가 전혀 없었다. 그래서 한글날의 관심이 사라진 아쉬움을 간단히 적어서 『조선일보』 독자의 소리에 보냈다. 이틀 후 10월 11일, 『조선일보』에 내가 보낸 글이 실렸다. 그러니까 이 날이 국경일로 재지정되는데, 나도 만분의 일이나마 역할을 했다고 생각하니 뿌듯한 기분이 들었다.

온 누리에 으뜸으로 손꼽히는 한글은 날이 갈수록 지구촌에 많은 인구가 사용할 것으로 믿는다. 이에 대한 자부심과 감사한 마음으로 더욱 아끼고 사랑해야겠다. 한글이 갈수록 많은 나라에 퍼져나가면 우리의 국력도 그만큼 높아지리라 확신한다.

봄비

이른 봄 울 밑에선 기지개 부산한데
과수원 포도나무 하늘만 쳐다보네
메말라 목 타는 농심 호소할 곳 어딘가

불청객 봄 가뭄에 속 타는 선한 농부
행여나 오시려나 비구름 간데없어
애타게 기다린 단비 외면하고 안 오네

간밤에 귀한 손님 봄비가 찾아왔네
반가워 팔 벌리니 촉촉이 쓰담쓰담
고르게 어루만지네. 흥에 겨워 춤추네.

2부
/
생명의 계절, 봄

사월이 떠나간다

4월이 시작되자마자 만인의 사랑을 독차지하는 벚꽃이 한꺼번에 속살을 드러냈다. 활짝 핀 가지마다 꽃구름이 내려앉은 듯 화려해서 한밤중 어둠도 거둘 만하다. 뒤따라 핀 철쭉 꽃도 질세라 산과 들, 보이는 곳마다 붉은 물감을 쏟아붓는다. 향기 좋기로 소문난 라일락은 3월 말부터 연보라색을 비춰더니, 열흘이 채 지나기 전에 한껏 만발하여 매혹적인 향기로 유혹한다. 오래전에 읽었던 「오월의 여왕 라일락 숲」이란 말이 무색한 시대가 됐다. 수많은 꽃이 연달아 피는 4월은 연둣빛 세상에서 초록으로 점점 무르익어 간다.

살랑살랑 부는 봄바람에 소녀의 가슴은 풍선처럼 부풀고, 사랑을 꿈꾸기에 좋은 계절이다. 날씨가 좋아서 나들이하기도 딱 좋다. 이맘때면 너도나도 관광버스에 몸을 싣고 떠나는 즐거운 모습들이 수시로 눈에 띈다.

나도 몇 주일 전 충북 단양으로 문화 탐방을 다녀왔다. 단양군 적성면 카페산 꼭대기에는 이색적인 철재가 설치되어 있다. '만천하 스카이워크'란 이 전망대는 모양부터 예사롭지 않다. 둥근 공 모양의 거대한 5층 철골 구조물은 보기만 해도 올라가 보고 싶은 호기심을 느낀다. 높디높은 그곳에 나선을 따라 빙빙 5층까지 걸어 올라가면, 가물가물 내려다보이는 남한강이 굽이쳐 흐르는 모습을 한눈에 볼 수 있다. 높은 곳에서 사방을 내려다보니, 가슴이 뻥 뚫리는 듯 후련하다. 꼭대기 층에 난간을 길게 내민 아찔한 전망대가 있어서 조심조심 나가 서 봤더니, 오금이 저려서 얼른 안으로 들어섰다. '만학천봉(萬壑千峰)'이라 불리는 이 전망대는 만 개의 골짜기와 천 개의 봉우리가 모인 영험한 장소라는 말이 전해지는 곳이다. 하여 예부터 불자나 무속인들이 소원을 빌러 찾는 곳으로 유명하다고 들었다.

　4월이 가기 전에, 기회가 한 번 더 있어서 진천으로 문학 기행을 갔다. 진천읍 보연산 보탑사란 사찰을 찾았다. 입구에 있는 느티나무가 눈길을 끈다. 진천군 보호수로 지정된 이 나무는 수령 370년이나 된 나이만큼이나 거대하여 우와!~ 하는 감탄이 절로 나왔다. 워낙 규모가 크고 잎이 무성하여 고목이라고 부르는 건 어울리지 않는다. 나무의 건강을 이만큼 유지하려면 숨은 노력이 많았으리라 짐작된다. 그 오랜 세월 동안 겨레의 수난을 함께 겪었을 텐데 물어볼 수 없는 게 한이다.

　사찰 정문 안으로 들어가 둘러보니 웅장함에 압도된다. 어릴 적 수학여행 때 보던 지역의 소박한 사찰 건물과는 격이 다르다. 걷던 중 나무에 열매가 달린 듯하여 자세히 보니, 작은 연등이 달린 거였다. 흐린 날씨 탓인지, 마치 감나무에 홍시가 달린 것처럼 속을 뻔하여 쓴웃음을 삼키며 잠시 올려다봤다. 경내 여러 곳에 오밀조밀 볼거리가 많지만 다 보려면 하루도 모자랄 듯하다.

　한적한 곳, 잘 가꾸어진 화단에서 함박꽃을 만났다. 막 꽃망울이 동그랗게 맺혔으니 며칠 후면 활짝 필 게다. 어려서 고향 집에 함박꽃이 많아 그 꽃을 좋아했는데, 요즘은 쉽게 눈에 띄지 않던 차에 반가웠다. 꽃이 피면 향기가 얼마나 진한지 취한다고 말할 정도였다. 아마 우리 일정이 며칠만 늦었다면 함박꽃 향내를 맘껏 맡을 수 있을 것을, 아쉽기 짝이 없다.

이 좋은 계절인 사월은 두 얼굴을 가졌다. 언젠가부터 '가장 잔인한 달'이란 멍에를 지고 있다. '잔인한 달'이란 말은 미국계 영국인 작가 토머스 스턴스 엘리엇(Thomas Stearns Eliot)이 발표한 「황무지」에 나오는 시 구절 '사월은 가장 잔인한 달 / 죽은 땅에서 라일락을 키워 내고….'를 인용한 것으로 알려졌다. 어쩌다 보니 우리의 형편과 맞아떨어져 자연스럽게 즐겨 읊었던 것 같다. 그는 이 작품으로 1948년에 노벨 문학상을 받고부터 널리 알려졌다.

우리에겐 4·19 혁명이나 4·3사건 등 가슴 아픈 기억으로 옷깃을 여미게 하는 달이다. 유독 4월에 안타까운 일들이 많았지만, 역사는 쉬지 않고 흐른다. 지금은 어느 때 보다 생동감 넘치는 봄이요, 꿈을 이루기 좋은 희망의 계절이기도 하다. 피천득 선생의 『인연』이란 수필집 「봄」에 실린 글을 인용해 본다.

"사월은 가장 잔인한 달"
이렇게 읊은 시인도 있다. 이들은 사치스런 사람들이다. 나 같은 범속한 사람은 봄을 기다린다.

사월은 나들이하기 좋고, 사랑하기에 좋은 때다. 화사하게 피어나는 꽃보다 빛나는 젊음의 계절이기도 하다. 떠나가는 시절을 잡을 수 없으니 곱게 보내고, 다시 찾아오는 사월을 느긋하게 기다리는 여유를 배운다.

삼일절에 태극기를 걸며

오늘은 삼일절 103돌이다. 비가 그쳤기에 태극기를 꺼내어 내걸며 보니 눈에 띄는 태극기가 몇 안 된다. 비가 오고 잔뜩 흐린 날이라 그런가도 생각할 수 있지만, 그뿐만은 아닌 것 같다. 맑은 날씨라 해도 오래전부터 국경일에 국기 거는 일이 시들해진 게 사실이다.

국기는 한 나라의 상징이다. 국경일에는 경건한 마음으로 걸었다가 거둔 후에는 오염되지 않도록 소중히 보관해야 한다. 학교에 다닐 때는 조심해서 두 손으로 들고, 세탁은 하지 않는 것이니 더럽혀지지 않도록 잘 보관해야 하며, 훼손해선 안 된다는 가르침을 받았다. 그만큼 국기의 소중함을 어려서도 배웠다.

그런데 요즘은 시대가 변하여 태극기가 우리 생활 속에 깊숙이 들어와서 친구처럼 친숙하게 만날 수 있다. 옷이나 모자, 가방 등 의류에도 자유롭게 디자인되어 활용되고 있으니 말이다. 자칫 함부로 취급하진 않을까? 하는 조마조마함을 느낀 적도 있다. 지나친 노파심일 줄은 알지만….

이제는 오염된 태극기는 세탁 후 잘 손질하여 쓰는 것도 좋다고 한다. 그래도 나는 태극기를 퍽 여러 해 동안 사용했기에, 작년에 새 태극기를 구입하고서 오래된 태극기는 주민센터에 마련된 수집함에 갖다 넣었다.

한낮이 되니, 아침과 다르게 비가 올 것 같지 않아서 마당으로 내려가 둘러보니, 아파트 한 동 100세대 중에 국기가 걸린 집이 열 집도 안 된다. 관리사무소에 태극기를 다는 날 안내 방송을 미리 부탁해 두지 못한 게 후회가 된다. 20년 전만 해도 이 정도는 아니었는데, 갈수록 국기 걸리는 수가 적어지고 있다.

현대인들은 저마다 바쁘게 생활하느라 국경일에 국기를 내거는 것을 소홀하게 여기는 것 같은데, 이런 것도 애국심의 문제로 생각하는 내가 오해하는 건 아닐는지.

어쩌다 외국에 나갔을 때 태극기를 보면, 고향 사람 만난듯이 반갑고 자랑스러운 마음은 누구나 같을 것이다. 몇 년 전 스페인에 갔을 때. 축구를 좋아하여 FC바르셀로나 축구 경기를 보러 갔는데, 유럽에서 가장 큰 10만 명을 수용하는 경기장이었다. 거기서 태극기를 만나니 뿌듯하고 어깨가 으쓱한 걸 느꼈다. 외국에 나가면 모두가 애국자가 된다는 것이 바로 이런 건가 보다.

지난달 중국 베이징 동계올림픽에서 메달이 확정된 우리 선수들이 커다란 태극기를 휘날리며 빙판을 돌던 모습이 문득 떠오른다. 얼마나 뿌듯하고 자랑스러운가? 우리나라 국민은 어느 곳에 있든 애국심으로 하나가 되는 순간이었다.

우리 민족이 태극기에 대한 애착이 남다른 것은, 일제 치하에서의 아픈 과거 때문이라고 생각한다. 일본에게 국권을 빼앗겼던 36년간 말로 다 할 수 없이 몸서리나는 압제로 그들은 우리말과 국기를 말살시키려 했지만, 아무리 어려운 여건이라도 감시를 피해 가며 태극기를 만들었다. 그 태극기를 들고 독립 만세를 부르며 총칼 앞에 항거했던 선조들의 희생이 없었다면 오늘의 우리가 존재할 수 있었을까.

강제 침탈의 식민 통치로 처절히 당하면서도 굽히지 않고 국권 회복을 위한 준비를 멈추지 않아 우여곡절 끝에 독립선언을 세계만방에 알릴 수 있었다. 선조들의 정신 무장은 총칼보다 더한 것도 두려워하지 않았다.

삼일절은 우리 민족의 독립정신을 계승하고 발전시켜 민족 단결과 애국심을 높이기 위하여 제정된 기념일이다. 103년 전의 이날은 온 백성이 하나로 뭉쳐 독립 만세를 외쳤던 날임을 되짚어 본다.

우리 민족은 어떤 위기를 당해도 굴하지 않고 극복해내는 강인한 정신력이 있기에 역사상 수많은 외세의 침략을 받았지만, 힘든 고난과 역경을 이기고 오늘에 이르렀다. '어려울 때마다 태극기를 보며 힘을 얻었다.'라는 할아버지 자랑을 하던 키가 작았던 반 친구의 말이 생각난다. 내년 삼일절에는 더 많이 걸릴 줄 믿고 싶다. 국경일에 국기를 거는 건 마음만 먹으면 그리 어려운 일이 아니다. 내가 활동하고 있는 자치위원회를 통하여 국경일에 국기 걸기 홍보를 적극적으로 건의할 생각이다.

태극기는 우리나라의 얼굴이요 표상이다. 소중하게 간직했다가 국경일에는 집집마다 내걸어서 바람에 펄럭이는 모습이 전국 곳곳을 뒤덮는다면 우리의 국력도, 자긍심도 그만큼 높아지리라 믿는다.

모두 다 너 때문이야

 핸드폰 알람 소리가 울린다. 가을이라 서예 작품 전시회가 종종 있을 땐 폰에 미리 저장해 두어야 편하다. 어떤 날은 두 곳이 겹치기도 하지만, 문자로 소통하여 풀어나간다. 만남도, 일 처리도 불편 없는 건 똑똑한 스마트폰이 있기 때문이다.
 엊그제, 인사동 한국관에서 열린 추사체 연구 회원 전시회에 갔다 오는 길이었다. 유명 작가들의 전시회지만, 지도 선생님의 권유로 나도 작품을 출품하는 영광을 얻었다. 규모가 큰 만큼 자연히 관람 시간이 적잖이 걸렸다.
 그날따라 전동차에 승객이 많아 꼬박 서서 갔는데, 올 때도 앉을 좌석이 없었다. 집에서 나올 때부터 여섯 시간이 다 되도록 잠시도 앉지 못해서 그런지 좀 피곤했다. 평소 종아리가 남보다 약하다고 느끼는 나는, 너댓 시간 이상 서 있는 건 늘 버겁다.
 전동차를 이용하다 보면, 서 있기가 몹시 힘들어 보이는 고령자를 가끔 본다. 영등포역에서 지팡이를 짚은 노인이 승차했는데, 한눈에도 안쓰러워 보였다. 경로석에는 이미 노 승객들이 앉았고, 그 앞에도 지긋한 이들이 겹겹이 서 있었다. 그 노인은 휘 둘러보고는 경로석이 아닌 안쪽으로 들어섰다. 복잡한 차내에는 더 들어가기도 어려워 멈춰 섰는데, 공교롭게도 그 앞에는 젊은 여성 두 사람이 앉아서 핸드폰을 열심히 들여다보고 있다. 일부러 그 자리에 선 게 아니라 전동차 안의 형편이 그랬다. 그럴 때는 고의로 젊은이 앞으로 왔다는 오해를 사기 쉽겠지만, 그렇게 보이진 않았다. 은근히 걱정스러운 맘에 먼발치에서 눈여겨봐도, 노인에게 자리를 양보할 기미가 없어 보인다. 시간이 지날수록 바라보며 애만 태웠지, 여러 사람을 제치고 가서 자리 양보를 부탁할 수도 없는 노릇이다. 그녀들은 그 노인을 못 봤을까, 못 본 체하는 걸까?

요즘 들어 개인주의 성향이 빠르게 퍼져나가는 걸 느낀다. 무엇이든 자기 위주로 하고 주변에 관심을 두지 않는다. 안타까운 맘으로 그 모습을 보고 있는 사이, 내가 내릴 때가 됐다. 출입문 앞으로 다가가며 봤더니 그중 한 여성이 내리려고 일어선다. 노인은 그제야 자리에 '끙'하고 앉는다. 전동차에서 내려 에스컬레이터에 오르며 생각해 봤다. 못 봤다면 핸드폰 보는 데에 열중했기 때문일꺼야. 설마, 못 본 체 했을라고.

몇 년 전, 나는 전동차에서 책을 읽다가 내릴 역을 지나치고 다음 역에 내려 되돌아온 일이 있다. 핸드폰 화면에 몰입하면 책을 읽을 때보다 더 빠져들기 쉽다. 내 경험을 생각하며 그녀들은 핸드폰을 보느라 못 봤을 거야. 하고 긍정적으로 생각하련다. 그러나, 뭔가 옆구리를 쿡 찌르는듯한 느낌이 나도 몰래 스친다.

각박한 세상 탓인가, 요즘은 어르신에 대한 '경로 효친' 사상이 전 같지 않다. 언젠가 한 승객이 어머니와 함께 승차해서, 세심하게 살펴 드리는 모습에 주변의 시선이 집중됐던 일이 있다. 당연한 일이 관심을 끄는 건 왜일까. 몇 년 전 일이지만, 요즘은 보기 쉽지 않은 장면이다.

 핸드폰은 사람을 홀리는 마력이 있는 것만 같다. 어느 날, 환승을 하려고 온수역 승강장에서 기다릴 때다. 바로 내 앞에서 젊은이가 손바닥의 그것만 들여다보고 걷다가 의자에 걸려 넘어져 턱에서 피가 나는 걸 봤다. 오나가나 녀석 때문에 겪는 일들을 종종 본다.

 전동차 안에는 앉으나 서나, 남녀노소 가리지 않고 핸드폰만 들여다 본다. 2, 30년 전엔 책을 읽는 이가 더러 있었는데 지금은 그나마도 보기 어려운 일이 돼 버렸다.

 핸드폰이 대중화되면서 우리의 정서를 송두리째 바꿔놓았다. 메모하는 수첩이 필요 없고, 카메라가 필요 없고, 달력도 필요 없다. 수십 년 전엔 재산목록으로 기록되던 집 전화도 자취를 감췄다. 그뿐 아니다. 은행 업무도 손바닥 안에서 처리한다. 핸드폰으로 못 하는 게 뭘까 싶을 만큼 만능이니, 이젠 누구에게나 필수품이 된 지 오래되었다.

 무엇이든지 해결해 줄 듯한 녀석이 때로는 말썽을 부린다. 낯선 문자를 잘못 클릭해서 수백만 원을 사기당하는 일도 핸드폰으로 비롯되는 일이다. 나도 몇 년 전에 황당한 문자로 놀란 적이 있다. 모 카드로 육십만 원이 결제 완료됐다며 구입 상품을 꼭 확인하란다. 뜬금없는 문자를 곧바로 삭제하지 않으면 교묘한 수법에 넘어가기 쉽다. 아차 하면 낭패를 당할 수 있지만, 잠시만 손을 떠나도 안절부절하기 십상이다. 시도 때도 없이 밀려드는 스팸 문자로부터 해방되고 싶은데, 그렇다고 놓아버릴 수도 없는 이걸 어쩐담?…. 모두 다 너 때문이야.

비 오는 날의 추억

　봄비가 이틀째 촉촉이 내리니 여린 잎들이 춤을 춘다. 계절마다 비는 내리지만, 봄비는 더욱 반갑다. 초봄에 오는 비는 산천초목이 한마음으로 반긴다. 얼었던 대지를 녹여주고 메마른 땅을 적셔주어 땅속에서 잠자던 새싹들을 불러낸다. 발가벗고 떨던 나뭇가지마다 새순이 돋고 아름다운 꽃을 피운다.
　지금은 수리 시설이 완비되어 비에만 의존하는 그런 시절이 아니다. 내가 어렸을 때만 해도 못비가 와야 모내기를 할 수 있었다. 그래서 이즈음에 오는 비를 어느 때보다 반겼다. 농촌 태생인 한 지인은 이 비를 바라보며 "올해도 풍년이 들겠구먼."하고, 지난날을 회상하곤 했다.
　당시만 해도 우리나라는 쌀농사에 치중하는 농업국이었기에 모내기가 일 년 농사를 좌우한다고 여겼다. 이때가 되면 온 집안 식구가 힘을 다하여 농사에 매달렸다.
　모내기하는 날은 학교도 못 가고 바쁜 일손을 돕기 위해 심부름 다니는 일이 예사였다. 부지깽이도 할 일이 있다는 농번기이기에 결석하는 것을 선생님도 인정해 주셨다. 어른들은 논에 모를 옮겨다 심기만 해도, 그해 농사의 절반은 했다며 모내기를 무엇보다 중요하게 여겼다.

어렸을 적에 집안 사정으로 인하여 논이 없어지고 나니, 밭농사에만 힘을 쏟게 되었다. 그래서 모내기를 해 본 적이 거의 없어 또래 친구들처럼 모내기에 얽힌 추억이 없다. 그때는 6월 초순에서 중순이 적기였지만, 남보다 일찍 5월 말에 모내기를 마친 친구네 집이 일등 농가란 소문이 났다. 가뭄이 심할 땐 7월 중순까지 모판에 모가 웃자라도 물이 없어서 모내기를 못 한 논이 군데군데 눈에 띄었다. 그래서인지 밭에 심는 벼 품종이 새로 나와 밭에서도 벼가 자라는 것이 더러 보였다.

봄 가뭄 끝에 단비가 내려 어렵사리 모내기를 마치고 나면, 식구들 얼굴에 웃음꽃이 핀다. 이제야 편히 자겠다며 시름을 놓는다.

올해는 5월 초에 모내기를 시작했다는 뉴스가 있어 호기심에 나가 보고 싶지만, 한창 유행하는 감염병이 염려되어 엄두도 못 내는 실정이다. 마침 모내기 철이니 지금 내리는 비가 얼마나 귀한 단비겠는가. 창밖에 내려다보이는 로터리 녹지대에는 나무들의 녹색 물결이 바람에 일렁인다. 비에 젖어 이리저리 흔들리는 모습은 마치 출렁이는 파도를 보는 듯 시원하다. 한참 보며 정신을 빼앗기고 있다가 묵었던 옛 생각으로 기억이 옮겨진다.

초등학교 다닐 때는 우산이나 우비가 귀했다. 그땐 곡식을 담는 누런 포대를 길게 접어서 안으로 겹친 후 막힌 모서리 쪽을 머리에 쓰고 뒤로 내리면 등쪽이 덮인다. 벌어지는 앞쪽은 양손으로 잡고 여미면 괜찮은 비옷이 된다. 우산 대신 그런 포대를 쓰고 학교에 오는 아이들이 여럿 있었다.

비가 오면 아버지는 미리 만들어 두었던 우장을 쓰고 논에 나가셨다. 초가지붕에 얹는 이엉처럼 볏짚으로 촘촘히 엮어서 만든 우장에 끈을 달아매면 비를 피할 수 있는 훌륭한 도구가 된다. 우장을 입고 밀짚모자만 쓰면 베적삼 주머니에 넣어둔 궐련도 젖지 않는다. 요즘 생각으론 하찮게 보일지 몰라도 그때는 소중한 가재도구 중 하나였기에 옆집에서 자주 빌려 가곤 했다.

비가 많이 올 때는 상습 침수 지역인 벌말 아이들 모두가 결석하는 일도 있었다. 그때 친구에게 들은 말이 아직도 어렴풋이 생각난다. 비가 많이 올 듯하면 집이 떠내려갈까 염려되어 기둥에 밧줄을 단단히 묶어 큰 나무에 매어둔다는 것이다. 얼마나 무섭고 불안했을까. 그만큼 열악한 환경에서 견디어내며 오늘에 이르렀지만 뒤돌아보면 꿈만 같은 그 시절이 마냥 그립다.

가늘게라도 멈추지 않고 내리는 비를 내다보며 생각한다. 이제는 현대식 이양기를 사용한 지 오래지만, 그래도 자투리 논에는 엎드려 모를 심는 걸 지나치며 본 일이 있다. 이 시간에도 비를 맞으며 모내기를 하거나 들깨, 고추, 가지 모종을 내느라 동분서주하는 농부들이 많으리라. 그분들에게 응원의 박수를 보낸다. 당신들이 있기에 우리의 먹을거리가 걱정 없다고. 신토불이란 말처럼 우리 몸에는 우리 땅에서 나는 게 좋다는 걸 다시금 되새기며, 비 오는 날에 생각나는 지난 일을 더듬어 본다.

하늘에서 내리는 비는 누구나 골고루 받는 귀한 선물이다. 그 귀한 선물이 꼭 필요할 때 부족함도 넘침도 없이 알맞게 내려주기를 간절한 입장으로 하늘에 빈다.

생명의 계절, 봄

온누리 생명체가 한꺼번에 깨어나는 봄은 이름만 들어도 설레는 계절이다. 포근한 봄바람에 춥던 날씨 밀려나고 따뜻한 봄볕 내리쬐면, 메말랐던 초목들은 새순이 돋아 오래지 않아 온 대지를 초록 물결로 뒤덮는다. 이때에는 새들도 토끼도 다람쥐도 새살림을 시작하는 희망의 계절이다. 뒷동산 숲에서 새들의 노랫소리가 종일 끊이지 않아 귀가 즐겁다.

겨우내 거실 한구석에서 답답하게 견디어주던 화분을 베란다 양지 맡에 내놓으면 마치 감사하다는 인사를 하는 듯 밝아 보인다. 물을 흠뻑 받아먹어선지 작은 잎에도 생기가 돈다.

2월도 끝자락이다. 새벽 산책길에도 춥지 않으니, 이제는 날씨로나 절기로나 봄은 봄이다. 해마다 우수를 지나서도 봄을 시샘하는 꽃샘추위가 어김없이 찾아오곤 했는데, 올해는 이대로 경칩을 맞이하나 보다. 이제 개구리가 겨울잠에서 깨어나고 뒤따라 개나리 진달래가 앞다투어 얼굴을 내밀며 날 보러 오라며 무음의 노래를 부르리라.

지난해 3월 초에 고척중학교 근처에 간 일이 있었다. 등교하는 학생들을 보면 봄을 새롭게 느끼게 된다. 생기발랄하게 몇몇씩 짝지어 지나가는 여학생의 얼굴마다 세수하다 말고 그냥 나온 듯이 청초하다. 상큼한 얼굴보다 더 눈에 띄는 것은 입술이다. 색의 강도는 조금씩 다르지만, 모두 붉은색 입술연지를 바르고 있었다. 생동감을 주는 포인트로는 그만이다. 내게도 성인이 된 두 딸이 있지만, 고등학교를 졸업할 때까지 그런 모습은 본 적이 없었다. 끊임없이 변화하여 이토록 보편화된 중학생의 입술연지 사용에 낯설었던 나로서는 어리둥절할 만큼 새로운 발견이었다. 어항 속의 예쁜 금붕어를 보는 듯하다. 까르르 웃음소리가 하늘을 난다. 청순한 젊음은 이래서 좋다.

 엉뚱하게도 나의 청소년 시절을 회상해 본다. 지금과는 비교할 일은 아니지만, 낭만 같은 사치스러운 단어가 아니라도 풋풋한 10대의 생기발랄하던 기억이 떠오르지 않는 건 차라리 망각이었으면 좋겠다. 빠르게 변하는 환경에 발맞추기는커녕 뒤따르기도 숨이 차다.

 봄이 되면 몸도 마음도 신선해지는 계절이다. 어쩌다 아내와 장 보러 마트에 가면 유제품이나 달걀 등 식재료를 고를 때는 신선함을 우선으로 삼는다. 이왕이면 묵은 것보다 신선한 것을 선호하는 것은 당연하다. 신선이란 언제나 듣기 좋은 말이다.

 봄은 신진대사가 어느 때보다 왕성할 때다. 그래서인지 책을 보다 말고 눈이 스르르 감기는 춘곤증을 자주 겪는다. 거리를 지나다가 보면 점포 내부 수리 중이나, 업종을 바꾸어 새로 개업하는 곳이 많은 것도 이때다. 묵은 것을 새로운 모습으로 바꾸고 고치기 좋은 때도 지금이니, 봄은 새롭게 시작하기 좋은 계절이기도 하다.

 봄이 오는 저만치에는 아지랑이를 스쳐 가는 자동차 행렬이 분주하다. 이렇게 연중 변화가 많고 활기차야 할 이때 올해는 반갑지 않은 불청객이 찾아왔다. 나라 밖에서 전염성이 강한 코로나-19 바이러스가 맹위를 떨친다더니 급기야 국내에도 감염자가 급속도로 늘고 있다. 이럴 땐 되도록 외출을 삼갈 수밖에 없는 안타까움을 어디에 호소해야 할지. 하루속히 정상으로 회복되기만 기다릴 뿐이다.

봄이 오면 황혼을 맞은 이에게도 지나간 젊은 시절을 떠올려보기도 한다. 눈앞에서 풋풋한 청소년들을 만나 볼 때면 한층 더 하다.

시간이 지날수록 점점 가까워지는 봄이 내게도 찾아오는 게 아닐까 하고 창문을 활짝 열어본다.

염치도 없는 날씨

'날씨가 왜 이래' 이는 노래 가사가 아니다. 요즘 날씨는 염치도 면목도 없나 보다. 5월 중순이면 여름이 시작된다는 '입하'도 지나고, 모내기 등, 본격적으로 농사를 시작한다는 '소만'을 며칠 앞둔 날인데 때아닌 폭설이라니, 이해할 수 없는 세상이다. 두 주일 전인 5월 첫 주말엔 날씨가 30도에 육박하는 초여름 날이었는데, 엊그제 강원도 설악산 등, 고지대에는 눈이 40cm나 내린 곳도 있다는 뉴스를 봤다. 어처구니없는 날씨라고 말할 수밖에 없다. 날만 새면 세계 여러 곳에 날씨로 인한 재앙이 끊이질 않는다. 이럴 때마다 등장하는 건 '기상이변'이다.

인간은 더 나은 삶을 추구하고자 과학 기술을 끊임없이 발전시켜 나가고 있다. 육체노동 없이 손가락 하나만 움직이면 원하는 일을 할 수 있는 세상이다. 더 나아가 '터치'가 아니라도 말로만 지시해도 실행되는 가전제품이 대중화되었다. 인공지능의 개발로 가정용 밥솥이나 청소기 등 집집마다 사용하는 평범한 제품까지 첨단기술이 도입되어 편리하게 사용된다. 꿈도 못 꾸던 일들이 현실이 되는 세상이다.

이런 눈부신 과학 발전으로 편리한 생활을 하는 이면에는 온실가스 과다 배출로 지구 온난화를 가속시키는 역기능을 피할 수 없다. 지구촌 곳곳에서 급증하는 홍수, 가뭄, 폭염, 산불, 폭설, 한파 등으로 몸살을 앓는 게 자연을 훼손시킨 결과라는 데는 변명할 수 없는 사실 아닌가.

일기예보는 오래전부터 빗나가는 일이 허다했다. 나의 형님이 방송국에 근무할 때는 기상 통보관들의 애로사항을 자주 들었다고 했다. 좀 더 정밀한 기상 관측을 위해 인공위성을 띄우는 등 많은 투자와 노력을 기울인다지만, 돌변하는 상황은 현대 과학으로도 예상하기 어려운 이변이 속출한다고 한다. 날이 갈수록 더해가는 기후에 의한 재앙이 현실이 돼가고 있음을 간과해서는 안 될 일이다.

내가 어렸을 때, 아버지는 '갑자을축 해중금(海中金), 병인정묘 노중화(盧中火), 무진기사 대림목(大林木)'… 이런 '60갑자'를 손가락으로 짚어서 몇 달 후의 날씨도 신기하게 맞히셨다. 방송국 일기예보보다 잘 맞는다며 애경사를 앞둔 이웃 어른들은 먼저 아버지께 의논하러 오시곤 했다. 어릴 적부터 자주 본 일이라 우리 형제들은 날씨에 남달리 관심이 많았었다.

일 년 기후는, 봄의 시작인 '입춘'부터 가장 춥다는 '대한'까지 24절기로 나뉜다. 과거 농경 사회였던 우리나라는 절기에 따라 농사 시기를 맞추어 유용하게 활용해 왔다. 각각의 절기에 알맞게 적용하는 어른들의 말씀을 듣다 보면 농사 사전이 따로 없다. '곡우' 때 비가 오면 풍년이 든다거나, '망종'이 돼야 보리 이삭이 영그는데, 그때를 기다리는 게 가장 견디기 어려운 보릿고개라고 하신 말씀을 잊을 수가 없다.

아버지는 밭에 오이씨를 심고, '노루지'란 기름 먹인 종이를 씌웠다. 보통 4월 하순엔 잎이 서너 장 나오는데, 따뜻한 날씨라 해도 밤

사이 예상 못 한 서릿발이 살짝 내릴 때가 있다. 기름종이는 냉해를 막아주는 보호막이다.

그렇지 않으면 냉해를 입으니, 그해 오이 농사는 고스란히 망쳐 버리게 된다. 다시 심으면 늦어서 절반의 수확도 어렵다. 그래선지, 아버지께서는 4월 말에도 서리가 올 수 있다는 걸 잊지 말아야 한다고 늘상 말씀하셨다. 수십 년을 지켜봐도 입하 절기가 지나야 안심할 수 있다시며, 그전에는 씌운 종이를 걷어내지 않으셨다. 그토록 철칙(鐵則)으로 여겨졌던 입하가 지난 지가 언제인데, 폭설이 대체 웬 말인가.

어제는 안양으로 휘호 대회에 참석하러 갔었다. 전철 승객의 옷차림은 반소매와 긴소매 등 다양했다. 짧은 반바지를 입은 이들도 심심치 않게 눈에 띈다. 5월 중순이니 제철에 맞는 흔한 모습이다. 여성의 시원스런 차림새는 싱그럽고 풋풋한 젊음의 상징 아닌가. 며칠 전만 해도 거리를 지나치는 이들을 보면 반소매는 드물었지만, 기복이 심하던 날씨가 안정되니, 요즘엔 짧은 바지와 셔츠 차림이 많아졌다.

최근에는 인공지능을 이용해서 기상이변에 대응하는 연구가 활발하다는 소식을 들었으나, 아직은 이렇다 할 성과가 있다는 소식은 듣지 못했다. 머지않아 획기적 결과가 나오리라 기대해 본다.

대자연의 테두리 안에 사는 인간이 날씨를 불평하는 건 아니지만, 계절도 최소한의 염치는 있을 줄 알았는데….

오류 교차로의 사계

 개봉동으로 이사 온 지도 벌써 20여 년이 됐다. 내가 살고 있는 지역을 위하여 뭔가 보탬이 될 일이 있을까 하여 알아보던 중 자치위원을 모집한다는 광고를 봤다. 구로구에서 네 개 동을 선정하여 시범 운영한다는 것이다. 곧바로 지원하여 동마다 50명씩 뽑는다는데 나도 운 좋게 선정되었다.
 그렇게 시작한 것이 어느새 3년이나 됐다. 첫해는 자주 모여 회의와 실행 등 많은 활동을 했지만, 작년 초부터 코로나-19란 감염병의 발생 이후 예방을 위하여 사회적 거리 두기가 시행되는 가운데 만남 자체가 어려우니 모든 일이 쉽지 않았다. 꼭 할 일은 최소한의 인원이 모여서 의논하며 진행하자니 항상 조심스럽다. 전체 회의는 50명이 모일 수 없는 현실이라 스마트폰을 이용하여 비대면 줌(zoom)으로 실시하며 사회적 거리 두기에 적극적으로 동참한다. 그래서 분과별로 분류하여 소그룹으로 움직이고 있다. 엊그제는 '의논할 일이 있으니, 사무국으로 모여 달라'는 우리 분과원들에게 문자가 왔다. 뉴스 첫머리마다 코로나-19 확진자가 연일 기록이 갱신된다는 반갑지 않은 내용 들이라 좀 망설였지만, 모임 장소로 나갔다.

지난번 우리 분과에서 결정한 '개봉1동 아카이브' 제작에 대한 것을 구체화하는 일이다. 아카이브(archive) 라면 아날로그 세대는 좀 낯선 이름이지만, 우리 지역의 특징이나 자랑거리, 또는 사라지기 전의 모습을 남겨 두고 싶은 걸 기록하여 모아두면 그 가치를 오래 보존할 수 있다. 세월이 흐른 뒤에도 검색만 하면 지금의 모습을 오롯이 볼 수 있도록 모아두는 자료 기록 보관실이라 할 수 있다.

우리가 할 일은 지역을 분담하여 보존할 가치가 있다고 생각되는 것을 사진에 담아오는 일이다. 이를 위하여 며칠 전에 전문 사진가의 특강도 받은 바 있어서 스마트 폰 사진은 대체로 익숙한 편이다.

나는 집에서 가까운 오류 교차로 쪽을 맡았다. 여기는 몇 년째 공사 중이라 통행에 불편이 적지 않다. 주변엔 순환도로 평탄화 작업, 푸르지오 아파트 쪽에서 오류동 덕고개로 이어지는 터널 공사, 녹지대 내의 조경공사 등이 계속 진행 중이다. 왕복 6차선인 경인도로 위로는 순환도로가 지나가는 입체 교차로이다. 공사가 끝나면 왕복 8차선이 되어 교통 흐름에 적지 않은 도움이 되리라 짐작한다.

이 도로의 북쪽만 인도가 있을 뿐 남쪽으로는 오래전부터 인도가 없는 곳이다. 이번 공사로 끊겨 있는 개봉동과 오류동을 잇는 남측 인도가 자연스레 연결될 것이다. 벌써 개봉동 쪽에는 공사를 끝내고 기다리는데, 오류동 쪽은 순환로 한쪽을 끊어 놓은 지가 오래됐지만, 지금까지 진전이 없다. 춘향이가 이 도령을 애타게 기다리는 간절한 모습이 이럴까 싶다. 자세한 공사 내용은 공지됐다 해도 현장을 보는 주민의 마음은 답답하다. 일에도 순서가 있으니 아직 한참 남은 공사 기간 내 차례에 따라 어련히 연결되겠냐만, 지역 주민은 하루속히 연결되기만 기다린다.

창밖에 보이는 녹음은 작은 규모라도 녹색 갈증을 해소해 주기에 충분하다. 도시 생활을 하다 보면 산과 들, 자연 풍경이 그리워질 때가 있는데, 교차로 녹지대의 나무들도 제법 숲을 이루어 우리에게 위안이 된다.

몇 년 전 우리 아파트에서 구청에 건의한 결과 교차로 녹지대 중 아파트 쪽에 산책길이 조성되었고 운동기구도 여러 가지 설치되었다. 아파트 후문을 나와 건널목만 건너면 산책길이니 우리의 휴식 공간이자 정원이나 다름없다.

반대쪽(남쪽) 넓은 녹지대에는 한쪽으로 배추 재배만 했었는데, 올 여름엔 경인국도 쪽으로는 중장비를 동원하여 보기 좋은 소공원이 조성되었다. 그런데, 그곳으로 가는 건널목이 없다. 그곳을 가려면 250m 이상 떨어진 경인중학교 앞 건널목을 건너 다시 올라와야 한다. 이곳에 건널목 설치가 교통 흐름에 방해가 된다면 육교나 구름다리가 설치되면 편리하게 이용할 수 있을 터인데 아쉽다.

오류 교차로 녹지대는 내게는 즐거움을 주는 안식처라 할만하다. 우리 집 정원 같은 친근감으로 거실 창으로 바라보며 생각을 정리하기도 한다. 코로나 팬데믹이 지속되다 보니, 집에 머무는 시간이 많은데, 철 따라 변하는 교차로 녹지대를 보면서 많은 위안을 받는다.

만물이 소생하는 새봄엔 연한 녹색으로 물들고, 무성한 나뭇잎이 뒤덮이면 뙤약볕을 가려줄 그늘이 되며, 알록달록 단풍이 곱게 색칠하는 화려한 가을, 잎이 다 떨어져 빈 가지 위에 흰 눈이 포근히 덮이면 화가의 멋진 작품이 되는 겨울 등을 집에서 감상하는 건 즐거운 일이다. 계절마다 색다른 모습을 혼자 보기 아까워 공유해 보고 싶다. 이렇듯 도심 속의 작은 숲이요 쉼터이며, 우리의 정원이 되어 주는 오류 교차로 사계의 자연스러운 멋을 여러분도 경험해 보시기를 권유한다.

느닷없이 닥친 폭설

 밤 사이 눈이 또 내렸다. 어제만 해도 예상을 뛰어넘게 많은 양이 쌓였는데, 아침에 내다본 바깥은 마치 동화 속 눈꽃 세상을 보는 듯하다. 나무들은 가지마다 흰 보따리를 힘겹게 이고, 부러질 듯 아슬아슬하게 버티고 있다.
 11월에 느닷없이 몰아닥친 폭설은 117년 만이라는데, 알고 보니 서기 1907년 서울에서 근대식 기상 관측을 시작한 이래 처음이란다. 그렇다면 '117년 만의 폭설'이라기보다는 '117년 전 기상 관측 이래'란 표현이 이해하기 쉬웠으리라.
 어제 아침에 보기로는 사방으로 흩어지는 눈발이 그토록 많이 오리라곤 생각하지 못했다. 한동안 밖을 내다보다 뜸해지기에 서예 교실에 갔다. 돌아올 때는 눈발이 굵다 가늘다 하더니, 삽시간에 골목을 하얗게 덮어버린다. 오랜만에 펑펑 쏟아지는 눈을 맞으니, 까마득한 동심이 희미하게 되살아난다. 옆집 친구와 눈싸움하다가 쌓아둔 짚단을 허물어뜨리는 바람에 야단은 맞았지만, 그래도 눈 오는 날은 신이 났다.

오늘도 서예 교실에 수강하러 가는 날이다. 아침까지 내린 눈이 쌓여서 길거리가 질척대고 발까지 빠져서 걷기가 여간 불편한 게 아니다. 할 수 없이 버스를 이용했다. 평소 같으면 30분쯤 걷는 거리라 운동 삼아 걸어 다녔지만, 오늘은 그럴 수가 없었다. 눈이 온종일 오락가락해서 버스나 전철은 지연 운행을 하는 바람에 퇴근 시간엔 어김없는 교통대란이 빚어졌다. 비행기는 아예 발이 묶였다. 공항마다 예상 못한 결항으로 승객들이 긴 시간을 대기하느라 불편을 겪고 있다는 뉴스가 속속 나오고 있다.

우리 집도 어제, 딸애가 수원 행사에 참석한다며 자동차를 몰고 갔는데, 낮 동안 눈이 계속 내려서 종일 불안한 마음을 떨칠 수 없었다. 저녁에 무사히 귀가하고 나서야 비로소 맘이 놓였다. 눈 오는 날은 도로 사정이 나빠져서 가족이 돌아올 때까지 안심할 수 없는 게 도시나 농촌의 공통된 모습이다.

첫눈은 초겨울에 알 듯 모르듯 오는 일이 보통이라 금방 녹아 사라지기 일쑤고, 때로는 살짝 눈발이 날리는 정도라, 온 지도 모르다가 뉴스를 보고야 알기도 한다. 이번 첫눈은 기상 관측 이래 처음으로, 11월에 가장 많은 양이 내렸다. 서울의 경우 이틀간 내린 눈이 40센티를 넘겼다는 보도를 봤다. 문득 떠오르는 게 있다. 초등학교 때, 강원도에 눈이 40cm가 왔다는 선생님 말씀을 듣고 모두 깜짝 놀랐다. 그럼 학교에는 어떻게 갈까 하며 반 친구들과 걱정한 일이 있는데, 서울에도 이런 눈이 내렸다. 폭설의 원인은 지구 온난화에 따른 기상이변이며, 높은 해수면과 절리 저기압이 직접 원인이라고들 한다.

요즘은 눈이 많이 쌓여도 현대식 제설 장비로 눈 치우는 일이 편리해졌지만, 오래전 군대 생활하던 때에는 별다른 장비가 없었다. 눈만 오면 며칠씩 도로를 확보하느라 제설에 매달리기 일쑤였다. 지금은 아마 군대에도 현대식 장비들이 보급됐으리라.

　어린 시절엔 눈이 소복이 내리면 마치 세상이 잠든 것같이 고요해서, 밖에 나가도 누군가 깰 것만 같아 큰소리를 칠 수가 없었다. 가만가만 걸어도 발밑에서 나는 뽀드득뽀드득 소리가 재미있어서 혼자 마을을 두어 바퀴 돌아본 적도 있다.

　여남은 살쯤인가, 고모님이 고개 넘어 다남교회에 가셨는데, 눈이 종일 내렸다. 고갯길이 미끄러울까봐 형과 같이 언덕에 눈을 부지런히 치웠다. 아무리 해도 돌아서면 또 쌓여서 끝이 없는 일이 계속되어 몹시 지쳤었다. 나중에 오신 고모님이 애썼다며 알사탕 하나씩 주어서 단숨에 깨물어 먹었더니, 신통하게 힘이 나는 걸 느꼈다. 사탕보다도 칭찬이 피로 회복제가 된다는 걸 그땐 몰랐다.

　이번에 내린 눈은 습설이라고 한다. 그래서 사방에서 피해가 더 컸나 보다. 농작물 재배나 축사로 많이 쓰는 비닐하우스는, 눈의 무게를 견디지 못해 주저앉는 피해가 컸다니 안타까운 일이다. 형님 댁에도 창고로 쓰는 비닐하우스가 있기에 걱정이 되어 연락해 보았다. 약간의 피해는 있었지만 잘 대처했다며 염려 말란다. 80대 노구로 온종일 그 많은 눈을 긁어내리느라 몸살은 났지만, 그만하길 다행이라는 형님의 지친 목소리가 퍽 안쓰럽게 들린다.

　느닷없는 폭설이 닥쳐도 자연의 섭리인 걸 어쩌겠는가. 이제는 기상이변으로 말미암아 폭염이나 폭우, 폭설과 혹한 등 예상할 수 없는 날씨가 불쑥 나타나 긴장시키곤 한다. 그럴수록 지혜를 모아 미리 대비해야 피해를 줄일 수 있다. 유비무환(有備無患)이란 교훈이 어느 때보다 새롭게 다가온다.

단풍 찾아 떠난 여행

계절의 흐름 따라 곡식이 여물고 단풍잎이 하루가 다르게 물들어 간다. 파란 하늘엔 고추잠자리 한가로이 헤엄쳐 노는 걸 보며, 우리 가족도 이 가을을 그냥 보낼 수 없다는 생각에 지난 주말에 여행을 갔었다. 단풍이 절정일 것으로 예보된 강원도 평창은 과연 절경이었다.

"지난여름에는 휴가도 못 갔는데, 이번 여행은 단풍 때를 맞추어서 날을 정했어요." 하는 큰딸의 말에 손벽을 치며 찬성했다. 이맘때면 어김없이 복잡한 도로 사정을 생각해서 평소보다 일찍 출발했다. 가는 길 주변에 단풍이 조금씩 더해지더니, 목적지가 가까울수록 점점 더 짙어진다. 수도권과 기후 차이로 먼저 단풍이 드는 건 알았지만, 터널만 빠져나오면 눈에 띄는 단풍이 확연히 달라지는 걸 보면 지형과 기온에 따른 단풍 시기의 차등이 뚜렷하다.

정작 고운 단풍은 TV 화면을 통해서 보는 것이 보통이고, 딱 맞는 때에 단풍 명소를 찾아가는 것이 쉬운 일이 아니다. 10여 년 전에 단풍으로 유명한 내장산으로 단풍 구경을 갔었다. 적기를 맞추지 못해서 단풍보다는 사람 구경만 하고 온 일도 있다. 세상 산다는 게 만만치 않아, 예기치 않은 일로 날짜 변경을 해야 할 때가 더러 있다. 그러다 보면 적기를 놓치고 만다. 여유롭게 단풍 구경 가는 것도 내겐 사치였는지 모른다.

5, 6년 전엔가, 직장 동료와 관악산을 오른 적이 있었다. 때마침 단풍이 한창이라 남들은 대수롭지 않게 여기는 곳이지만, 나에겐 아름다운 추억이기에 보물 상자에 고이 담아뒀다. 그때 찍은 사진을 꺼내 보니 흐뭇함이 묻어난다.

단풍은 겨울을 나기 위하여 자기를 보호하는 과정이다. 겨울 문턱이 감지되면 잎자루에 떨켜가 형성되어 줄기와의 소통을 끊는다. 뿌리에서 공급하는 수분도, 잎에서 광합성으로 생산된 양분도 서로에게 보내지지 않는다. 그로 인해 엽록소가 파괴되어 녹색이 사라지니 형형색색의 아름다운 단풍으로 우리의 눈을 즐겁게 한다. 나뭇잎의 생리적인 변화의 아름다움을 보려고 우리는 먼 길도 마다하지 않고 오간다.

이번에 다녀온 평창 휘닉스 파크에는 앞산, 뒷산 보이는 곳마다 울긋불긋 곱게 물든 단풍으로 꽃밭 못지않은 화려함으로 가득 찼다. 이런 단풍 적기에 찾아간 것도 오랜만이다. 우리가 묵은 휘닉스 파크 24층에서 내다보이는 태기산은 스키 코스가 몇 갈래로 곧게 내리깔렸다. 푸른 잔디로 융단을 깔아놓은 듯 초록빛이 선명하고 양옆에 선 나무는 저마다 한껏 짙어진 단풍 빛깔을 자랑하며 울타리를 이루고 있다.

단풍을 가만히 들여다보면 참 오묘하다는 생각이 든다. 빨강, 노랑, 주황색 등 여러 빛깔로 어쩌면 이렇게 아름답게 물들었을까. 인간은 아무리 뛰어난 솜씨라도 나타낼 수 없는 빛깔이다. 조물주의 오묘하고 신비한 자연의 조화에 감탄한다. 가족과 함께 걷기 코스가 있는데, 경사가 만만치 않다. 이런 길은 아내나 나는 무리일 것 같아 잔디가 깔린 평지만 걸었는데도, 피톤치드 특유의 향이 그윽하다. 오가는 중에 사진에 담고 싶으면 놓치지 않고 작은딸의 찰칵 솜씨로 네 가족이 얼굴 맞대보는 재미도 쏠쏠했다.

평창에는 『메밀꽃 필 무렵』이란 소설로 유명한 '이효석 문학관'이 있다. 여기서 머지 않은 곳이니 예정에 없었지만, 가족들과 의논하여 봉평면에 있는 이효석 문학관을 잠시 들렀다. 메밀꽃이 만발한 광경이 연상되지만, 때가 아니기에 꽃은 볼 수 없었다. 그보다는 가을 단풍이 둘러싸여 한결 그윽한 분위기다.

평창은 몇 년 전 동계올림픽으로 세계에 널리 알려졌지만, 이미 오래전부터 '메밀꽃 필 무렵'이란 소설 작가의 고향인 평창군 봉평면은 문학 기행지로 유명해진 곳이다.

화려하게 물든 단풍은 더 오래 보고 싶지만 때가 되면 퇴색되어 낙엽이 된다. 어찌 보면 우리의 인생과 닮은 꼴이다. 흔히 인생을 사계절로 보는데, 봄 여름을 지나서 가을 단풍 속에 자신이 묻혀 있는 느낌이다. 다가오는 겨울을 담담히 맞기 위해 옛시인의 시어처럼, 성냄도 탐욕도 내려놓고 바람처럼 떠날 준비가 필요한 때가 지금이 아닐까.

이번 가을엔 모처럼 때를 잘 맞추어서 단풍 찾아 떠난 여행이었다. 단풍으로 아쉬웠던 지난 기억을 한 번에 털어버릴 만큼 먼발치에서라도 실컷 구경하고 왔다.

곱게 물든 은행잎을 보면 문득 어머니 생각이 난다. 고향 집 큰 은행나무 아래 노랗게 낙엽이 깔리면 거기 앉아 자식들을 위해서 마디가 뒤틀린 두 손을 모아 기도하시던 어머니. 이맘때 노란 은행잎만 봐도 그 속에, 눈이 때꾼한 어머니 얼굴이 보이는 것 같아 나도 모르게 콧등이 시큰해진다.

민들레의 생명력

아침마다 지나는 소공원 길가에 민들레꽃이 노랗게 피어 눈길을 끈다. 이른 봄에 남보다 앞서 돋아났지만, 땅바닥에 붙어있다시피 작아서 잘 보이지도 않더니, 언제 피었는지 노란색이 선명해서 눈에 확 띈다. 겨우내 얼어붙은 땅에서도 죽지 않고 인고의 시간을 보내며 봄을 기다리다 땅이 채 풀리기도 전에 서둘러 단단한 땅을 밀고 나온 것이다. 여린 것 같이 보이지만 강인한 생명력을 엿볼 수 있다. 작디작은 것이 모진 추위를 견디는 힘이 어디서 나올까?

어렸을 적 나물 캐는 고모님을 가끔 따라다녔다. 냉이며 달래, 민들레를 캐보면 뿌리가 생각보다 땅속 깊이 박혀서 번번이 끊어뜨리던 기억이 난다. 그 든든한 뿌리로 땅을 움켜쥐고 겨울을 견디는 힘을 얻는 게 아닐까 싶다. 척박한 땅에서도 어려움을 극복하며 생명을 유지하는 근성을 보면, 지난날 말할 수 없는 고난을 다 견뎌내고 오늘에 이른 우리 민족과 닮았다는 생각이 든다. 우리 민족은 헤아릴 수 없을 만큼 외세의 침략을 받았었다. 그 숱한 침탈과 압박에도 굴하지 않고 끈기와 참을성으로 이겨내어 마침내 남들이 부러워하는 세계의 10대

경제 대국을 이룰 수 있었다.

민들레는 많은 식물 중에서도 유달리 생명력이 강해서 들이나 길가에서 밟히고 차여도 여전히 견디며 마침내 꽃을 피우고 결실한다. 그 씨앗은 바람을 타고 사방 각지로 퍼져나가 떨어진 곳에 터를 잡는다. 그곳이 어디든지 불평하지 않는다. 어느 바위틈이든, 보도블록 사이든 거기서 뿌리를 내려서 생명을 유지한다. 이 얼마나 대단한 생명력인가.

이런 강인함 때문인지 민들레는 오래전부터 귀한 한약재로 널리 쓰이고 있다. 면역력 강화, 위장 질환 개선, 간 기능 개선, 눈 건강, 뼈 건강, 소염 작용, 항암 작용 등, 그 외에도 10여 가지 이상의 효능이 있다고 알려져서 한방의 귀한 약재가 된다.

민들레는 흰 꽃과 노란 꽃이 있는데, 노란 것은 귀화한 서양종이 대부분이다. 그 구별방법을 알아내어 주변에서 노란 토종을 찾아보려고 여러 곳을 가 보았지만 끝내 발견할 수 없었다. 약효는 노란 것보다 토종인 흰색 민들레가 으뜸이란다.

옛 선비들은 민들레의 습성을 보고 아홉 가지의 덕목이 있다며, 그것을 교훈 삼아 서당의 학동들에게 가르쳤다고 전해진다. 그중에,

첫째, 덕목은 모진 환경을 참고 극복하는 인덕(忍德)

둘째, 뿌리가 많이 잘려나가도 역경을 이겨내고 재생하는 강덕(剛德)

셋째, 여러 개의 꽃대가 있지만, 차례대로 꽃이 피는 예덕(禮德)

넷째, 새순부터 뿌리까지 음식과 약재가 되는 용덕(用德)

다섯째, 꽃에 꿀이 많아서 곤충에게 제공하는 정덕(情德)

여섯째, 줄기를 자르면 나오는 흰색 액체는 사랑을 베푸는 애덕(愛德)

일곱째, 뿌리는 흰 머리털을 검거하는 효덕(孝德)

여덟째, 종기 치료에 으뜸가는 인덕(仁德)

아홉째, 씨앗을 멀리까지 보내어 자손을 퍼뜨리는 용덕(勇德) 등이 그것이다.

그리고 밤낮을 구별할 줄 알아 밤이면 꽃잎을 오그렸다가 아침이면 다시 펼치니 사리에도 밝음을 알 수 있다. 대수롭지 않아 보이는 식물로도 그 습성을 보고 교훈을 얻은 선조들의 지혜를 되새겨 본다.

세상의 모든 생물은 환경 조건이 좋은 곳에서 생장한 것보다 악조건에서 어렵사리 생장한 것이 생명력이 강함을 알 수 있다. 어린 시절 밭에 나가보면 정성 들여 재배한 농작물보다도 불청객인 잡초가 더 빠르고 무성하게 자란다. 철부지 적에 그것이 이상해서 아버지께 여쭈었더니, "심지도 않은 잡초는 빠른 성장이 아니면 살아남지 못하니 살기 위해서 빨리 자라도록 타고난단다."고 하셨다. 생존을 위해 치열한 경쟁력만이 살아남는다는 이치임을 알 수 있다.

민들레는 '포공영'(蒲公英) 이라고도 부르며 민가의 문 둘레에 많이 서식해서 '문 둘레'라고 불리던 것이 차차 '민들레'로 변한 것이라고 한다. 그만큼 오래전부터 인간과 친숙한 식물이다. 꽃말은 감사하는 마음, 사랑, 행복 등이다.

아무도 가꾸지 않는 버려진 존재이기에 생명 유지를 위하여 남보다 더 많은 끈기와 인내가 아니면 살아남을 수 없음을 알고 강한 생명력을 터득했을 것이다.

민들레 하면 인내, 그리고 일편단심의 대명사가 떠오른다. 있어도 그만 없어도 그만인 작은 식물에도 자세히 살피면 이용 가치도 있고, 많은 덕목을 지닌 예의 바른 식물이다. 어디서나 흔히 볼 수 있는 강한 생명력의 민들레가 이제는 귀한 존재로 보인다.

능소화의 애달픈 전설

 6월은 태양의 열기가 점점 더해가는 초여름이 시작된다. 짙푸른 녹음이 우거지고 꽃들이 만발하며 새들이 노래하는 좋은 계절이다. 내가 좋아하는 백합을 비롯하여 백일홍, 분꽃, 함박꽃, 조팝나무, 장미, 양귀비, 접시꽃 등등, 그리고 7월부터 9월까지 피는 능소화도 이달 하순부터 개화가 시작된다.
 수많은 꽃이 저마다 아름다운 자태를 뽐내며 여름 내내 우리의 눈길을 사로잡으려 경쟁한다. 주황색이 화려한 능소화는 하늘을 능가하는 꽃, 양반꽃, 금동화, 어사화 등의 많은 이름을 가지고 있다. 꽃의 모양이 나팔 같기도 하고 귀를 닮았다고 하여 민심을 살피러 다니는 암행어사의 어사모를 이 꽃으로 장식했다고 한다.
 꽃말은, 명예, 여성, 자랑, 영광, 기다림 등이다. 꽃과 잎, 줄기, 뿌리 모두가 부인병 등의 한약 재료로 널리 쓰인다고 한다. 그러나 꽃가루는 독성이 있다는 말도 있고, 또 다른 설은 꽃가루에 미세한 가시가 있어서 눈에 들어가면 잘 나오지 않고 눈동자에 상처를 입힐 위험이 있어서 각별한 주의가 필요하다고 한다.

언젠가 고향 집에 핀 꽃이 보기 좋아서 한 가지 꺾어서 승용차에 싣고 온 일이 있다. 그때는 꽃 이름도 모르던 때였는데, 집에 와 보니 몇 송이가 떨어졌고 이틀 뒤에는 모두 떨어져서 치워버렸다. 그걸 만지고 눈을 비볐다면 불편을 겪었을지도 모른다는 생각에 무난히 지난 걸 다행으로 생각했다. 중년에 들어서야 박완서 님의 소설을 읽고 능소화를 알게 되었는데, 예사롭지 않은 전설로 하여 관심을 가져 보았다.

능소화는 두 가지 종류로 알려졌는데, 미국 종과 중국 종이다. 미국 종은 붉은색이 강해서 주홍색이라 할 수 있고, 중국 종은 주황색으로 꽃이 더 크며, 가운데는 노란색이어서 밝고 화려하다. 내가 본 것 중에는 중국 종이 더 많았다. 이 꽃이 활짝 피면 골목이 환해질 정도다. 그런데, 시들기도 전에 신선한 꽃이 송이 그대로 떨어져 보는 이마다 안타까운 마음을 갖게 한다. 동백꽃은 시들지 않고 나무에서 송이째 떨어지기로 유명한데, 이런 꽃들을 볼 때마다 참 기이하고 궁금한 생각이 든다. '도대체 무슨 까닭이 있기에 지레 떨어질까. 어떤 말 못 할 사연이 숨겨져 있을까?' 풀리지 않는 궁금증은 그대로 남아 있다.

세상에 알려진 능소화의 전설은 이렇다.

옛날 궁중에 소화라는 궁녀가 있었는데, 어느 날 임금님의 눈에 띄어 하룻밤의 성은을 입고 빈의 자리에 오르게 되어 따로 마련해 준 처소에서 살게 되었다. 그녀는 날마다 임금님이 오시기만 기다렸으나, 시기하는 이들에 의해 거짓된 모함과 질투 등으로 하여 그 후 한 번도 소화를 찾지 않았다. 임금님을 기다리던 그녀는 그만 지쳐 병이 들어서 시름시름 앓다가 상사병으로 죽고 말았다. 소화는 내가 죽으면 임금님이 왕래하시는 곳이 보이는 담 밑에 묻어달라는 유언을 남겼다. 유언대로 그곳에 묻었다. 그 이듬해부터 거기서 자란 나무가 담을 타고 올라가 꽃이 피었는데, 그 궁녀를 닮았다고 하여 능소화란 이름을 얻었다는 것이다.

임금님을 사무치게 그리워하며 담에 올라가, 볼 수 없다면 발소리라도 듣고 싶어서 전심으로 기어오르며 꽃을 피운다는 애달픈 전설이 전해진다.

그녀는 수단 방법을 가리지 않고 임금님을 모시기 위해 그릇된 일도 자행하는 남들과 달랐다. 마음 착한 소화는 혼자만의 짝사랑이라 할지라도 변할 줄 모르는 순수한 그리움을 견디지 못하고 기다리다 지쳐 떨어지고만 한 송이 꽃이었다.

능소화는 다른 나무나 담장을 타고 올라가는 덩굴 식물이지만, 꽃이 피는 모습을 보면 수양버들을 닮은 듯이 한껏 늘어진 꽃타래가 주렁주렁 꽃송이를 매달고 나긋나긋 흔들리는 것이 애교 많은 여인의 몸짓을 연상케 한다. 시들기 전에 송이째 뚝뚝 떨어지는 모습을 보노라면 임을 기다리는 여인의 애절한 몸부림이 서려 있는 것만 같아 능소화를 볼 때면 마음이 숙연해진다.

유월의 첫날 '텃골 문학 구로'에서 비탈길을 내려오다 보니, 길섶에 접시꽃이 피기 시작했다. 계절 변화가 예전보다 빨라지고 있으니 능소화도 어디선가 꽃망울을 터뜨렸을지 몰라 몇 군데 둘러봤지만, 아직은 푸른 잎만 무성할 뿐 개화는 때가 아닌가 보다.

해마다 6월 말부터 피어나는 능소화를 보면 화려한 꽃에 감춰진 사연을 생각하면서 나의 삶에도 겉으로 나타나지 않는 내면을 차분히 반추하는 시간을 가져 본다.

봄이 오면 동산에 진달래가 붉게 물들고,
여름밤엔 모깃불 피워놓고
옥수수 감자를 이웃과 나누며,
밤 깊어가는 줄 모르던 정다운 마을이다.

봄이 오면 동산에 진달래가 붉게 물들고,
여름밤엔 모깃불 피워놓고
옥수수 감자를 이웃과 나누며,
밤 깊어가는 줄 모르던 정다운 마을이다.

시간

불러도 못 들은 척 제 갈 길 가는 세월
소중히 받은 선물 촌음도 아껴 쓰며
알차게 이용하면은 성공의 길 보이네

한 번 간 순간들은 다시는 오지 않아
잡을 순 없지마는 놓치진 말아야지
시간은 거짓 없는 줄 깨달으니 떠났네

3부
/
굴러온 돌, 박힌 돌

가을비

 가을비가 추적추적 내린다. 반기는 이 없어도 새벽부터 줄곧 쏟아지고 있다.
 세상만사는 필요할 때가 있고 그렇지 않을 때가 있다. 비는 봄에 오는 것이 꽃비요 금비다. 겨우내 얼었던 땅을 녹여주고 메마른 땅을 적셔주어 초목의 새싹을 돋게 하여 꽃을 피우고, 온갖 만물을 소생시킨다.
 여름에 오는 비도 농작물이나 산과 들에 식물들의 수분을 공급하여 왕성한 성장에 없어선 안 될 생명의 원천이다. 한여름 뜨거운 태양이 작열하여 온 누리가 불타는 듯한 더위에도 한줄기 소나기가 내려 열기를 식혀주면 한없이 고마운 일이다. 다만 지나치게 많은 비가 단기간에 내리면 홍수가 되어 재앙이 되기도 한다.
 가을과 겨울에도 비가 내려야 하지만, 특히 추수 때 내리는 가을비는 농부가 애써 가꾼 농작물을 망쳐놓기도 하는 불청객이다.
 모든 일에는 양과 음이 공존한다. 가을에도 가뭄이 심할 때가 있다. 그럴 때는 식수원 부족 현상이 되기도 하는데, 이때에는 가을비가 해갈에 큰 도움이 된다. 그뿐 아니다. 이 무렵에는 계절적으로 공기가 건조하여 산불이 발생하기가 쉽다. 한번 산불이 발화되면 지형 여건 상 진화하느라 많은 어려움이 따른다.

 최근 미국이나 호주의 경우, 대형 산불이 발생하여 많은 인원과 장비를 동원해도 좀처럼 불길이 잡히지 않아 애를 태우기도 했다. 때로는 한 달씩 계속되기도 하니, 그 피해는 상상조차 어려울 만큼 막대하다. 이럴 때 비가 내린다면 그 무엇보다 진화에 큰 도움이 될텐데….

 비는 자연이 주는 고마운 혜택이다. 이 비는 우리가 필요할 때만 내리는 것이 아니므로 많이 내릴 때 흘려보내지 말고 모아둘 필요가 있다. 수리 시설을 사전에 조성하여 담수했다가 필요할 때 쓰는 것은 오래전 조상님 때부터 활용해온 방법이다.

 이처럼 비는 우리에게 피해를 주기도 하지만, 계절마다 크고 작은 도움을 주기도 한다. 그러나, 일반 개인 생활에는 불편을 주기 때문에 환영하는 이는 제한적이다.

 이 가을에는 우리의 먹을거리인 곡식을 거두어들이는 시기다. 이때에는 비가 아닌 쾌청하고 건조한 날씨라야 작업하기에 좋다. 오늘처럼 비가 내리면 추수하는 일손에 지장이 많다. 작업 능률도 떨어지고 수확량이 감소하기도 한다. 어렸을 때 논에 벼가 쓰러져서 싹이 난 걸 본 적이 있다. 그해에는 심한 태풍 피해로 흉년을 맞아 겨울을 나려면 빚을 질 수밖에 없다는 아버지 말씀이 어렴풋이 생각난다. 안타깝지만 자연을 탓해본들 결과가 바뀌는 일은 일어나지 않는다. 인간이 자연을 다스릴 수 없는 현실에선 환경에 적응하며 피해를 줄이도록 지혜를 모아 최선의 노력을 다하는 것뿐이다. 미리 대비하면 피해를 많이 줄일 수 있다.

 창밖에 보이는 오류 교차로 녹지대의 나무가 무성하여 내게는 좋은 볼거리가 된다. 봄부터 철 따라 변하는 나무를 보며 계절의 변화를 감상하는 재미가 적지 않다. 며칠에 한 번씩 카메라에 담았더니, 매일 같아 보여도 그게 아니다. 지난달 말경부터 시나브로 나뭇잎 빛깔이 변해가는 걸 알 수 있다. 단풍이 곱게 물들면 그 풍경이 아름다워 카메라에 저장한다. 집에서도 단풍 구경을 마음껏 할 수 있으니 내 집 정원 같은 느낌이 든다. 그런데 단풍 절정기에 많은 비가 내리면 단풍은 엉망이 되고 만다.

요즘 우리 주변에는 몇 달 후에 치르게 될 대통령 선거 열풍으로 온 나라를 뒤흔든다. 예상은 했지만, 대권 후보 경쟁이 너무도 치열하다. 그 열기를 식히라고 가을비가 자주 오는 건 아닐까 하는 부질없는 생각이 들기도 한다.

오늘은 찬 이슬이 내린다는 한로 절기다. 이 비가 그치고 나면 기온이 하루가 다르게 내려가리라. 봄부터 땀 흘려 가꾼 곡식을 한 알의 손실도 없이 거두어들여야 한다. 이때 불청객 가을비의 훼방을 받는 일은 유쾌한 일이 아니다. 영근 곡식을 알뜰히 거두어들이는 보람을 맛보는 알찬 가을이 되길 소망한다.

가을비가 내리는 창밖을 보며 나는 이 가을에 과연 무엇을 수확할 것인가를 차분히 생각해 본다.

가족 여행

　강원도 정선으로 가족 여행을 갔었다. 지난여름에 가려 했으나, 출발 일주일을 앞두고 코로나에 발목이 잡혀 취소했다가 이제야 간 거였다. 가을 여행은 단풍 들 때가 좋지만, 알맞은 날짜를 맞추지 못했어도 마침 5일 장이 서는 날이라 오랜만에 색다른 눈요기를 했다.
　정선 오일장엘 간다 생각하니, 소꿉장난하던 어린 시절이 희미하게 떠오른다. "가는 날이 장날이라더니, 엿 한 조각도 못 얻었네."라는 장타령을 본대로 따라 하며, 깔깔대던 철부지 적엔 보이는 게 다 우리 세상 같았다.
　장날이라면 닷새에 한 번 서는 시골 장터를 연상했는데, 가보니 평일에도 운영되는 제법 큰 시장이다. 이름이 '정선 오일장 시장'이었다. 다만 장이 서는 날은 각설이패나 국악으로 무장한 소리꾼과 북, 장고가 동원되니 평소와 달리 구경꾼이 장마당을 꽉 채워서 옛 생각이 물씬 나는 장면이다. 언저리에서 몰려드는 인파로 북적대는 건 예나 지금이나 그대로다.
　그날은 고속도로 곳곳이 공사 구간이어서 차량 흐름이 원활하지 못하여 예상보다 한 시간쯤 늦게 도착했다. 딸들이 사전에 알아둔 식당을 찾아갔더니 웬걸, 오후 1시 반이 넘었는데 식당 문밖으로 20여 명이 줄을 서서 기다리고 있다. 소문난 맛집이라 그런가 보다 하고 다른 곳을 가 봐도, 대여섯 명 대기자는 보통이다. 한 식당에 순서를 기다려 겨우 들어가 그 지역에서 소문난 곤드레밥과 메밀전병으로 맛있는 식사를 했다. 식당 안에는 막걸릿잔이 오가며 떠들썩한 장날다운 분위기인지라, 옆에 앉은 나도 덩달아 기분이 들떴다.

장날 구경을 대충 한 뒤에 숙소로 가는 길은 짐작대로 계속 오르막길의 연속이다. 한참 올라가 높은 곳에 자리 잡은 '파크로쉬'란 호텔이다. 단조로운 12층 건물이지만, 위치가 좋아 보인다. 건물 안에 들어서니 분위기가 아늑하고 편안함이 느껴진다. 우리가 묵을 11층 방에 올라가니 여유롭고 밝아서 좋았다. 창문 커튼을 걷어 젖히자 가리왕산 케이블카가 정면으로 보인다. 아직 단풍이 들지 않은 게 아쉽지만, 전망이 더없이 좋다. 여기에 울긋불긋 단풍이 물들거나 흰 눈이 덮이면 참 보기 좋겠다는 상상을 해 봤다. 전망이 좋아서 담에 또 올 기회가 있으면 이 방으로 예약하자는 엄마의 의견에 딸들도 좋다고 공감했다.

다음 날, 케이블카에 몸을 싣고 가리왕산에 올라갔다. 승차장(숙암역 : 해발 419m)에서 하차장까지는 케이블 길이가 3.5km나 되는 먼 거리다. 이 산은 상봉, 중봉, 하봉이 있는데, 케이블카가 설치된 곳은 하봉(해발 1,381m)이다. 승차해서 22분을 올라가 하차장에 내리니, 사방이 탁 트여 가슴속까지 시원한 느낌이 든다. 문득, 등산을 즐기던 옛 친구 K가 생각났다. 기회만 있으면 산에 가는 심정을 이해할 것 같았다. 높은 산 위인데도 평평하고 데크길까지 설치되어서 노약자라도 불편 없이 산책하기 좋다. 군데군데 포토존을 마련해놓아서 너도나도 사진 찍느라 여념이 없다. 위낙 높은 곳이라, 사방 보이는 곳마다 발아래 까마득히 작아 보이니 내가 최고라는 자신감을 맛볼 수 있어서 좋다.

올라갈 때 찬찬히 주변을 살펴봤더니 7부 능선부터는 단풍이 곱게 물들었다. 어떤 곳은 새빨간 물감이 뿌려진 듯 선명해서 꽃보다 아름답다고 해도 지나치지 않다. 승차장이 있는 곳까지는 1,000m 차이도 안 되는데, 고도에 따라 기온 차가 그만큼 다른가 보다. 산 아래와 분위기가 판이해서 적이 놀랐다. 케이블카에서 발밑을 내려다보면, 나무숲에 가려서 몰랐지만, 구불구불 자동찻길도 눈에 띈다. 공사를 위해 차량이 오갈 수 있도록 산길을 개설했겠지. 높은 산에 도로 건설이 얼마나 어려웠을까. 다음에 기회가 되면 걸어 올라가 보고 싶은 생각이 들지만, 건강도 고려해야 하니 실현될지는 모르겠다.

얼마 전 들은 말에, 설악산 단풍은 하루에 고슴도치가 재주를 넘는 만큼씩 내려온다던데, 이즈음엔 하루가 다르게 단풍이 물들어간다.

가리왕산 케이블카는 평창 동계올림픽 기간 동안 설치했다가 올림픽이 끝나면 철수하기로 계획된 것이다. 그러나, 1,900억여 원이란 막대한 예산으로 설치한 설비를 또다시 수백억 원을 들여서 철거하는 일에 반대 여론이 높아, 우여곡절 끝에 다시 논의하기로 했다고 한다. 시작부터 자연 훼손에 대한 반대 여론에 부딪혀 잡음이 끊이지 않더니, 철거를 놓고 또 한 번 시끄럽다는 소문을 들었다. 2024년 말까지 운영해 본 후 다시 논의하기로 했다고 하니, 결과가 궁금해진다. 어떤 방향으로 결론이 나든지 국가와 지역 발전에 이익이 되는 쪽으로 마무리되면 좋겠다.

정선 가족 여행은 처음이었다. 하루 이틀로는 턱없이 부족한 시간이다. 다음에 기회를 잡아서 정선 명소 곳곳을 구경해야겠다는 생각으로 귀경길에 올랐다.

감자떡

오늘은 개봉1동 '마을 활력 찾기 프로젝트'로 골목 축제가 있었다. 집에서 거리도 가깝고, 지역주민자치위원의 한 사람으로 관심도 있어서 현장에 나가봤다. 장소는 경인중학교 후문에서 행복마트 사이를 오전 11시부터 오후 6시까지 차 없는 거리로 임시 지정하고 무대를 설치하여 2시부터는 축하 공연과 함께, 도시재생 전시 존, 놀이 체험 존, 개봉장터 존, 푸드 트럭 존, 먹거리 마당 등 다양한 행사가 벌어졌다.

구로구 내의 행사이므로 구청장도 참석하여 축제를 더욱 빛내주었다. 그러나 사전 홍보가 부족했는지 생각보다도 구경꾼은 어르신들이 대부분이고 젊은이들은 드문드문 보이는 것 같아 좀 아쉬웠다. 젊은이들이 관심을 가질 수 있는 이벤트를 준비하지 못한 게 문제겠지만 정해진 여건에서는 어쩔 수 없다고 생각한다.

한 바퀴 돌아보고 부침개와 감자떡을 사 와서 식구들과 맛있게 먹었다. 감자떡을 먹을 때면 어머니 생각이 모락모락 피어난다. 쫄깃한 특유의 맛과 그 속의 콩이나 팥 맛을 생각하면 어느새 나는 초등학교

다니던 어린 시절로 되돌아간다. 모든 것이 궁핍하던 그때의 기억으로론 감자가 쌀 다음가는 소중한 식량이었다.

장마로 감자가 썩으면 잘 씻어서 우물가 항아리에 넣어 물에 담가 두고 물을 갈아주며 우려서 앙금이 가라앉으면 그걸로 녹말을 만들어 감자떡을 쪄 주셨다. 그때는 지금처럼 송편 모양이 아니고 개떡이라 불리는 넓적한 데에다 강낭콩이 드문드문 박힌 떡을 해 주셨다. 배고프던 시절이어선지 참 맛있게 먹었다. 내가 콩을 남달리 좋아하는 건 그때부터였는지도 모른다. 그런데 그 감자떡 맛에는 고릿한 냄새가 있었다. 어머니에게 물으면 감자떡은 다 그렇다고 하셔서 그런 줄만 알았다.

세월이 흘러 40대에서야 감자떡을 먹을 기회가 있었다. 그 맛은 어릴 적 맛과 비슷한데 그 이상한 냄새가 없었다. 썩은 감자로 만들던 그 시절 방식으론 완전한 탈취가 어려웠지만, 지금은 생감자를 갈아서 녹말을 만드는 방법이라 냄새 걱정이 없다.

겨울밤 등잔 밑에서 공부할 때, 아궁이에 묻어 두었던 구운 감자 하나를 갖다주시던 엄마의 거친 손을 아직도 잊을 수가 없다. 6·25 전쟁 후에 모진 역경을 견디어내야 했던 그때의 삶은 먹고사는 일밖에 다른 신경을 쓸 겨를이 없었다. 엄마도 험한 들일을 하여 손등이 터지고 거칠어도 손에 바를 로션은 상상도 할 수 없던 때였다.

열세 식구의 밥을 담다 보면 부족할 때가 종종 있었다. 그럴 때는 찐 감자 하나로 끼니를 때우는 걸 그땐 몰랐다. "엄마는 왜 감자만 먹어?" 하면 "엄마는 감자가 좋아."하는 대답을 듣고 그런 줄만 알았다. 감자밥이라면 요즘은 인기 있는 별미지만, 그때는 식량이 부족하여 밥에다 섞어서 양을 늘리기 위한 어쩔 수 없는 방법이었다.

감자에는 탄수화물 단백질 등 많은 영양성분이 들어있을 뿐만 아니라 알칼리성 식품이라 육류 섭취가 많은 요즘에 인기가 높다. 어쩌다 강원도로 가족 여행을 가면 감자전을 즐겨 먹는데, 그럴 땐 감자떡을 해주시던 엄마 생각이 절로 난다. 쫄깃한 감자떡은 요즘도 출출할 때 좋은 간식거리가 된다.

  시장이 반찬이라는 말처럼 궁할 때 맛있게 먹던 음식이 여유가 생긴 후에는 맛이 없다고 푸대접하는 경우가 흔하지만, 감자는 궁할 때나 지금이나 변함이 없다. 감자전, 감자떡, 감자옹심이, 감자튀김, 그리고 수십 가지 요리의 재료로 쓰인다는 건 모르는 이가 없다. 궁핍한 시절 우리의 허기를 달래주던 감자를 생각해 보니 굶주림을 해결해 준 고마운 생각마저 든다.

  오늘은 유난히 엄마표 감자떡 생각이 간절해진다.

굴러온 돌, 박힌 돌

　녹음 짙어진 한여름날 뒷산은 종일토록 새소리로 부산하다. 멀리서도 잘 들리는 까치나 꿩, 뻐꾸기도 있지만, 개개비, 찌르레기, 오목눈이, 곤줄박이, 딱새, 지빠귀, 그 외에도 새들이 쉴새 없이 지저귄다. 가만히 귀 기울이면 각기 다른 소리가 어우러져 듣기 좋은 합창으로 들린다. 노랫소리와 생김새가 아름답기로 유명한 꾀꼬리는 수십여 년 전엔 간혹 볼 수 있었으나 요즘은 못 본 지 오래다. 동굴 속에서 옥구슬이 구르는 듯 청아한 꾀꼬리 노랫소리는 지금도 들리는 듯하다.
　많은 새 중에서 뻐꾸기의 남다른 생존법에 관심을 가져봤다. 단란한 붉은 머리 오목눈이 둥지에 예쁜 알 네 개가 옹기종기 담겨 있는데, 어미가 잠깐 자리를 비운 사이 탁란 전문가인 뻐꾸기가 잽싸게 알 하나를 산란하고 다른 알 하나를 물고 날아간다. 잠시 후 돌아온 어미는 크고 푸른빛이 감도는 낯선 알을 이상하다고 생각하는 듯 고개를 갸우뚱하더니, 그대로 품는다. 10여 일이 지난 후 뻐꾸기 알에서 먼저 깨어난 새끼가 뒤따라 부화한 새끼와 아직 부화하지 못한 알들을 모조리 밀어 떨어뜨린다.

이런 잔인한 장면을 TV 방송을 통해 많은 사람이 봤으리라. 그렇게 둥지에 혼자 남아 먹이를 받아먹으며 무럭무럭 크더니 어느새 오목눈이 어미 새보다 두 배나 컸다. 누가 봐도 제 새끼가 아닌 게 확연하지만, 착각인지 속은 건지, 그도 아니면 정 때문인지 쉴 새 없이 먹이를 물어다 먹인다. 다 자라서 둥지를 떠나가도 며칠 더 먹이를 물어다 먹이는 걸 보면 말문이 막힌다. 이것이 자연의 법칙이라면, 고스란히 당하는 오목눈이는 어디에 하소연해야 할까.

알에서 먼저 깨어난 뻐꾸기 새끼는 눈도 뜨지 못한 것이 주변을 다 쓸어내고 둥지를 독차지하는 게 본성인가 보다. 경쟁자를 없애야 살아남는다는 걸 타고난단 말인가. 생물의 세계는 강한 자만이 살아남는다지만, 너무 불공평하다는 생각을 지울 수 없다. 오래전에 드라마에서 원수의 자식과 바뀌어 내 자식으로 알고 곱게 기른 내용을 주제로 한 영상을 본 일이 있다. 여러모로 악조건이던 아이가 좋은 환경으로 뒤바뀐 삶에 곱게 감사해도 부족하건만, 어쩌면 그렇게 못된 짓만 하는지. 보는 이마다 분노를 삭이느라 어려웠다고 했다. 감쪽같이 주객(主客)이 전도(顚倒)된 걸 보면 남의 행복한 삶을 가로챈 뻐꾸기가 떠오른다. 얄미운 뻐꾸기의 생존법을 알고부터는 곱지 않게 생각하는 이가 주변에도 많음을 알 수 있었다.

뻐꾸기가 탁란하는 이유가 몇 가지 알려져 있다. 우리나라에 3개월 정도 머물다 가는 여름 철새이므로 둥지 짓기에서 포란, 육추 등의 시간이 부족해서라고 한다. 또 다른 하나는 먼 곳에서 날아와 많은 에너지를 소비했으므로 둥지를 짓는 데 필요한 시간과 노력을 절약하기 위함이라고도 한다. 오랜 세월 동안 녀석들의 생존해온 방법이라고 이해해야겠지만, 우리의 정서에 비춰볼 때 도저히 납득 하기 어려운 일이다.

뻐꾸기의 숙주 대상이 개개비, 종달새, 휘파람새보다, 붉은 머리 오목눈이가 많이 선택되는 이유가 있다. 덩치 큰 뻐꾸기 새끼를 길러낼 수 있도록 둥지가 튼튼해야 하는데 오목눈이는 다른 새보다 몸집은 작아도 거미줄을 섞어서 둥지를 만들기에 작지만 튼튼하다고 한다. 뻐꾸기 새끼가 바람에도 잘 견딜 수 있고, 알의 빛깔도 비슷해서 많은 선택을 받는다고 한다. 그러고 보면 참 묘한 악연인 것 같다.

파렴치하기 그지없는 뻐꾸기 어미는 남의 둥지에서 자라는 새끼에게 '무럭무럭 커서 어서 나오너라' 하고 자신들의 존재를 알리러 수시로 소리를 내며 주변을 맴돈다니 조물주가 녀석들의 얌체 같은 행동을 내버려 뒀단 말인가.

최근 영국의 과학 저널 '네이처 생태학 및 진화'에 실린 논문에 의하면, 뻐꾸기는 포식자의 소리를 흉내 내는 속임수로 탁란의 성공률을 높인다고 한다. "뻐꾹 뻐꾹" 소리엔 별 반응이 없다가도 암뻐꾸기가 내는 "킥 킥 킥"하는 소리엔 포식자인 새매로 오인해서 피식자인 새들은 몸을 숨기기 바빠서 탁란을 구별해 낼 겨를이 없다고 한다. 암뻐꾸기의 소리 의미는 알을 바꾸는 데 성공했다는 웃음이라니 쉽게 납득할 순 없지만, 자연의 굴레에는 우리가 이해하기 어려운 게 많은 걸 새삼 깨닫는다.

남의 노력에 대한 결과물을 속임수로 가로채는 야바위꾼이 득실대는 세상이지만, 하늘의 착오가 아니고서야 어찌 이런 일이 있단 말인가. 알에서 금방 나온 새끼가 무슨 죄가 있겠냐만, 아무리 생각해도 뻐꾸기의 남다른 생존법은 풀리지 않는 수학 숙제를 받은 것만 같다. 해마다 여름이면 찾아와 구슬픈 듯 '뻐꾹 뻐꾹' 하는 소리가 들릴 적마다, 애먼 생명을 희생시켰겠다는 생각에, '굴러 들어온 돌이 박힌 돌을 빼 버렸다.'라는 속담이 생각나는 게 비단 나 뿐일까.

두루마기를 여미고

　사람은 추억을 먹고 산다는 데 공감한다. 해가 수십 번 바뀐 뒤에도 남자들에게 군대 생활은 잊지 못할 추억의 한 토막이다. 어떤 이는 심하게 고생한 것만 기억하는데, 누군가는 세상에서 가장 편한 군대 생활을 했다는 이도 있다. 고르지 못한 현실에 불만을 토로하지만, 그럴 수밖에 없는 게 세상사이니 어쩌겠는가. 그래도 군대 얘기만 나오면 호기심에 다가서곤 한다. 그도 그럴 것이, 제대한 이들의 상당수가 조금씩 보태고 미화시켜서 힘들었던 일보다 재미있던 얘기만 하니 듣기에는 즐겁다. 한참 듣다 보면 어느 틈에 자신의 추억을 더듬게 된다.
　벌써 반백 년이 지났으니 기억도 흐릿하지만, 아직 몇몇 기억은 또렷이 남아 있다. 그때는 육군에 징집되면 제일 먼저 수용연대로 간다. 거기서 훈련소 일정에 맞춰 정해지는 날짜에 따라 입소한다. 수용연대는 하루나 이틀을 머무는 게 보통이다. 그런데 난 대통령 선거일이 발표되어 16일이나 썩었다. 그곳 생활은 군 복무에 포함되지 않기에 머무는 걸 '썩는다'는 표현을 쓴다. 운명이었나, 나는 입소한 부대마저 훈련 교장이 멀어서 '잠 자나 마나, 밥 먹으나 마나'란 악명이 붙은 곳이었다. 별 보고 나갔다 별 보고 들어오는 곳이기도 하다. 고향에서 같은 날 입대한 수십 명 중 대부분은 훈련이 편하다는 곳에 배정됐지만, 나와 몇 명은 그들보다 몇 배나 힘든 곳으로 가게 됐다. 그래서 '군대는 복불복'이란 말을 한다. 힘든 훈련을 못 견디고 도망쳤다가 깡마른 얼굴을 보고 주민이 신고하여 다시 잡혀 온 훈련병도 있었다. 하루 견디기도 힘들던 훈련도 끝이 있어 마침내 배출 날이 다가왔다. 훈련소의 지시대로 집으로 편지를 보냈다. 군사우편이라 날짜는 안 쓰지만, 대략적인 시기는 알린다. 당시 형님도 공군 현역이었기에 논산에서 훈련을 마친 병력이 언제 용산역을 경유할지는 쉽게 알 수 있다.

논산을 출발한 군용열차는 자정 무렵에 용산역에 도착했다. 거기서 한 시간 이상 머물기에 물을 마시며 쉬고 있었다. 그때, 별안간 육군 헌병과 공군 헌병이 함께 열차에 올라오더니, 내 이름을 외치며 찾는다. 깜짝 놀라 '잘못한 것도 없는데 웬일이지?'하며 조심스레 일어섰다. 공군 헌병은 "찾았다!"하고 소리치며 다가오는데, 자세히 보니 형님 친구인 공군 헌병 S였다. 열차 칸마다 올라와 찾느라 힘들었나 보다. "야! 너 고생했다, 멋진 군인이 됐네. 아버지도 오셨어." 하며 모셔오겠다고 다시 내려갔다.

열차 안의 모든 시선이 내게 쏠렸다. 잠시 후 형과 흰 두루마기 차림의 아버지가 올라오셨다. 꿈속 같지만 분명 생시였다. "얼굴 보니 고생 많았구나" 하시는 아버지의 말씀에 반가움보다 죄송한 맘이 앞섰다. "여길 어떻게 오셨어요?" 했더니, S가 여관을 주선해서 엊저녁에 들어가 쉬시고 새벽에 공군 헌병 차로 오셨던 거였다. 주변 동료들은 "우와~ 좋겠다~" 하고 박수를 치며 극적인 상봉을 부러워했다.

그때 여기저기서 미리 썼던 편지 봉투를 내밀며 우체통에 그냥 넣어달라는 부탁으로 순식간에 십여 개의 봉투가 내 손에 쥐어졌다. 물자가 귀한 때라 편지지도 없어서 휴지로 공급받은 거친 마분지에 열차 안에서 쓴 편지가 대부분이다. 엉성하게 급히 만든 봉투도 있었다. 아버지는 이것들을 소중히 받아 두루마기 섶으로 가리셨다.

용산에 군용열차가 정차하면 김밥 파는 이들이 헌병의 눈을 피해 차창을 두드린다. 그들에게 우표도 없는 편지를 건네주면 우체통에 잘 넣어준다는 말을 선배의 경험담을 여럿이 들었다고들 했다.

1967년만 해도 군대의 실상이 요즘 기준으로는 상상할 수 없을 만큼 어려웠다. 아직도 생생한 것은 화랑 담배를 매일 7.7.6(한 갑을 사흘로 나눠줌)으로 받는데 그나마 하루 지연되면 골초들은 못 견디어 아우성이다. 그만큼 모든 것이 열악한 때라 너무도 초췌한 몰골을 아버지께 보여드린 것이 한없이 송구스러웠다. 배출 시기를 알리지 말 걸 하는 후회가 밀려왔지만 이미 지나버린 일이다.

근엄하신 줄만 알았던 아버지였는데, 못난 자식을 만나보려고 새벽녘에 어려운 발걸음으로 오신 걸 뵈니 표현은 하지 않으셔도 부정(父情)이 얼마나 깊은 것인지 알 것 같았다. 그날, 그 시각에 용산역 플랫홈에서 두루마기를 여미고 서 계시던 아버지의 모습은 나의 기억 속에 지워지지 않는 아련한 추억의 한 장면이 됐다.

노년의 취미 생활, 서예

세상에는 취미 생활 종류가 헤아릴 수없이 많다. 종목에 따라서는 많은 시간과 비용이 필요한 경우도 있지만, 걷기운동처럼 부담 없이 즐길 수 있는 것도 있다. 마음은 있으나 형편상 할 수 없는 경우도 적지 않다. '한 달에 하루만이라도 취미 생활을 즐길 수 있다면 행복한 사람'이라고 말하는 이도 있는 걸 보면, 그만큼 뜻대로 되지 않는 게 우리네 현실이다.

한세상 살아가려면 저마다 마땅히 해야 할 일이 있다. 청소년기까지는 학교에 다니며 평생 살아갈 지혜를 얻기 위해 배워야 하고, 성년이 되면 직장에 다니거나 스스로 선택한 일로 경제 활동을 해야 생활할 수 있다. 삶을 위해 정신없이 일에 매달리다 보면, 어느 틈에 노년기가 성큼 찾아온 게 느껴져서 놀란 적이 있다.

근래엔 생활 환경이 좋아지고 의학 기술이 고도화됨에 따라 100세 시대가 현실이 됐다. 일선에서 은퇴한 후에도 30년 이상 생존하는 게 예사다. 수십 년 하던 일손을 놓고 나면, 생활 환경 변화로 쉽게 적응하지 못해서 불안이나 우울감을 호소하는 이가 적지 않다. 그대로 방치하면 건강을 해칠 수 있다는 걸 기억해야 한다. 이럴 때는 취미 생활이 심신에 활력을 되찾는 데 도움이 된다. 언제부턴가 지방 자치 단체마다 경쟁하듯 숱한 프로그램을 개발하고 주민을 기다리고 있다. 자신이 좋아하는 분야를 찾아 활동하면 생활의 보람과 즐거움을 찾는데 그만이다.

나는 60대 중반에 서예를 배우기 시작했다. 생활 전선에서 시간을 쪼개어 틈틈이 2년을 공부했다. 그러나 살다 보면 취미 생활보다 우선해야 할 일이 있으니, 붓은 한 해에 한두 번 잡아보는 정도로 답보 상태였다. 무심한 세월은 어느 틈에 노년의 길로 넌지시 데려다 놓았다. 그러고 보니 지금이야말로 서예를 즐길 때라는 생각이 들었다. 몇 년 전부터 가까운 서예 교실에 가서 공부하는 게 마냥 즐거웠다. 붓글씨에 재미를 붙인 지 일 년도 채 되기 전에 '코로나19'란 감염병이 창궐하여 대면 수강이 중지됐다. 외출이 어렵던 때는 내가 출품하던 서예 단체에서 해마다 진행하는 공모전 소식을 전해와 두어 곳에 출품하는 게 전부였다.

답답하던 거리 두기가 해제된 후 지금은, 매주 서너 번 서예 교실에 나가 지도 받으며 붓글씨를 쓴다. 교실 분위기는 언제나 부담 없이 편안하다. 남녀 비율은 비슷하고 60대부터 90대까지 고르게 모였다. 수강자 중에는 새로 시작하는 이도 있고, 2, 30년 이상 된 경력자도 있다. 내 뒷자리엔 93세 된 고령자도 몇 년째 같이 배우는데, 80대에 시작하여 지금은 한 주일에 다섯 곳을 다니는 대단한 열정가시다. 걷기 운동도 하루에 만 보를 채운다니 놀랍다. 매주 서너 번씩 만나다 보니 집안 형님 같은 친숙한 선배님이시다. 교실 한쪽에선 조심하며 소곤대는 소리가 다 들리지만, 서로 이해한다. 주로 손주 자랑이나, 병원 진료받은 일도 스스럼없이 얘기한다. 김장철에는 어디 마트가 싸다는 정보도 교환한다. 듣다 보면 집안 사정을 안 봐도 보이는 듯하다. 가끔 간식을 들고 오는 이에게는 다 같이 박수로 환영한다.

서예는 붓으로 글씨나 그림을 아름답게 표현하는 예술이다. 붓글씨 문화는 동양에서도 한국과 중국, 일본에서 활발히 발전하여 예술적으로 높은 평가를 받고 있다. 명칭은 나라마다 다르다. 한국은 서예(書藝)로 불리지만, 중국은 서법(書法), 일본은 서도(書道)라 한다. 우리에겐 조선 시대부터 붓으로 명성을 얻은 '석봉'과 '추사'가 먼저 생각난다.

초등학교에서 배웠던 명필가 한석봉은 본명이 '한호'지만 '석봉'이란 호로 더 알려졌다. 불을 끈 밤에 어머니는 떡을 썰고 석봉은 글씨를 썼다는 건 모르는 이가 없을 터다. 그런 엄한 가르침이 있었기에 명필가가 탄생했으리라.

추사 김정희 선생은 병조판서인 김노경의 장남으로 태어났으며 두뇌가 명석하여 일찍이 문과에 급제하자 큰일을 할 재목으로 인정받았다. 일곱 살 때 쓴 글씨가 우연히 당대 최고의 '대제학' 박제가의 눈에 띄어, 후에 그를 스승으로 모시게 됐다는 일화는 유명하다. 부친이 청나라에 사신으로 갈 때 따라가서 그곳 제일가는 학자를 만나 6개월을 머물며 많은 걸 배웠다고 한다. 재능에 따라 암행어사, 병조참판, 이조참판, 성균관 대사성 외에도 금석학자, 화가, 실학자 등으로 널리 알려졌다. 그러나, 주변 사람의 옥사에 관련된 모함을 받아 오랜 유배 생활을 하게 되었다. 유배지에서 이룬 추사체는, 과거의 글씨와는 사뭇 다르게 강인한 힘이 느껴지는 독특한 서체다. 추사체가 세상에 선보인 지 백 수십 년이 됐지만, 대중화되기는 수십 년에 불과하다고 전해진다. 힘이 넘치는 독보적인 서체에 인기가 높아 배우려는 수강생이 점차 늘고 있다.

서예는 집중력과 창의력을 길러주며 침착함과 인내심을 높여주는 등 정신 수양에 도움이 된다. 초등학생들이 서예를 열심히 배우는 건 바람직한 일이다. 언젠가 휘호 대회에서 만난 초등학생은 한글이 세계 글자 중에 1등이라는 걸 배웠다고 자랑이다. 서예를 통해서도 한글의 우수성에 자부심을 느끼기에 충분하다.

노년의 취미 생활은 정원 가꾸기, 악기 연주, 명상, 독서, 컴퓨터 활용, 걷기 외에도 많다. 내가 경험해 보니, 노년 취미 활동에는 서예가 더없이 좋다. 붓에 먹물을 찍으면 묵향에 마음이 가라앉고, 화선지에 써 내려가기 위해서는 정신이 집중된다. 글씨에 몰입하면 잡념이 사라진다. 갈수록 수명이 길어지는 이때, 노년의 길에 들어선 이들의 관심은 치매가 아닐까 한다. 서예는 치매 예방에도 좋다고 알려졌으니 붓을 놓지 않으련다.

설날의 추억

민족의 명절 설날이다. 이날 아침이면 언제나 우리 형제들이 형님 댁으로 모인다. 경기도 광주에 사는 셋째 아우가 도착하면 다 모인 것이다. 거리도 멀지만, 외곽순환도로를 이용하기 때문에 교통체증이 심해서 좀 늦으려니 하고 느긋하게 기다린다. 생활 터전이 각기 다르지만, 오늘은 한자리에 마주 앉아 반갑게 정을 나눈다. 한창 자라나는 손주들을 보면 몇 달만인데도 훌쩍 큰 것을 느낄 수 있다. 조금 보태면 얼핏 봐서는 몰라볼 만큼 성장했으니, 그 모습을 바라보는 것도 큰 즐거움이다.

내가 어렸을 적에는 아버지가 남달리 유림사상이 철저하셔서 옹색한 살림에도 차례상을 허투루 준비할 수 없어서 어머니의 고초가 크셨다. 차례상에 떡국 여덟 그릇을 놓으려면 변변한 교자상이 없어서 밥상 두 개를 이어놓아도 부족해 책상까지 동원되었다. 삐뚤빼뚤 차례상을 보고 애들이 킥킥대고 웃으면, 아버지께서 차례가 끝나고 말씀하신다. 엄숙한 장소에서 웃으면 되겠냐고. 지엄하신 말씀에 "조심할게요." 밖에 더할 대답이 없었다. 그랬던 아버지도 노년에는 기독교인이 되셔서 명절에 차례 대신 가정예배를 드리는 집으로 온전히 바뀌었다. 그 후로는 우리 형제 모두가 기독교인이라 명절 때는 가정예배를 드리는지 오래다.

예배가 끝나면 그 자리에서 가정마다 그동안에 있었던 일들을 얘기하며 화기애애한 소통의 시간을 갖는다. 이번엔 넷째 동생의 딸이 결혼한 지 2년 만에 아기를 가졌다는 얘기가 제일 큰 뉴스가 되기도 했다.

부모님 산소에 4형제가 조카들을 앞세우고, 준비한 도구로 묘소 주변 낙엽을 치우며 정성 들여 손질을 한다. 지난가을 벌초 후에도 몇 번 낙엽을 치웠건만 또다시 수북해졌다. 이제는 예전처럼 땔나무를 해다 불을 때지 않아서 산마다 낙엽이 쌓여 신발이 푹푹 빠지는데, 밤송이 껍질도 섞여 있어서 장화나 등산화를 신어야만 안전하게 걸을 수 있다.

문득 그 옛날 생각이 떠오른다. 중학생일 때 설을 앞둔 겨울 방학 때였다. 옆집 친구와 지게를 지고 땔나무를 하러 산으로 나갔다. 눈 녹은 양지를 찾아 나무를 하려 해도 거두어 올 나무가 없었다. 그러다 꽤 멀리까지 가서 헤매다 짧디짧은 잔디를 낫으로 박박 깎아서 갈퀴로 피가 나도록 긁어모아, 간신히 절반쯤 지고 온 적이 있었다. 너나없이 나무를 해가서 사방을 둘러봐도 가까운 곳엔 땔감이 없어서 먼 산으로 갈 수밖에 없었다.

그때와 지금의 상황은 무어라 할 수 없을 만큼 변화되었다. 산 아래 길섶까지 낙엽이 쌓여 조심하지 않으면 미끄러져 넘어지기도 한다. 그 시절에도 이렇게 낙엽이 흔했다면 나무 한 짐은 눈 깜짝할 사이에 할 수 있었는데…. 세월이 성큼 건너뛰어 모든 환경이 바뀌었지만, 너무 많이 변해버린 현실이 때로는 낯설기까지 하다.

초등학생 때에는 설날이면 어머니가 지어주신 바지저고리를 입고,

또래 친구들과 집집마다 세배하러 다니면, 우리를 그냥 보내지 않고 먹을 것을 내어주셨다. 엿이나 강정, 약과, 다식, 곶감 등 평소에는 구경도 못 하던 맛있는 음식을 실컷 먹는 날이기도 했다. 그때만 해도 어느 집이나 아이들이 대여섯부터 열 명이 넘는 집도 있어서 마당에 때때옷 입고 나와 놀면 알록달록 움직이는 꽃동네였다. 요즘은 명절이 되어도 아이들이 보이지 않고 자가용만 서너 대씩 세워있을 뿐이다.

동기간에 우애 있게 지내라는 어머니의 말씀이 늘 기억 속에 남아있다. 고향의 넉넉한 인정, 유별나리만큼 친밀한 이웃사촌, 서로를 배려하는 마음 등은 무엇에도 흔들려서는 안 될 일이다.

철부지 적엔 설날을 손꼽아 기다렸고, 한창나이엔 명절을 기다리면서도 한편 부담이 되어서 혼란스러울 때도 있었지만 황혼을 맞고 보니, 숨가쁘게 지나버린 모두가 정겹고 소중한 추억인 것을.

아내의 생일

 음력 9월 11일이 아내의 생일이다. 공교롭게도 나의 아버지와 같은 날이다. 시아버지와 며느리가 생일이 같으니, 분명 좋은 징조라고들 하셨다. 한 집안에 성이 다른 두 사람이 같은 날 생일이면 집안이 잘 된다며 어른들은 반기셨지만, 당사자인 아내는 그렇지 않았을 것이다. 아버지가 계시는 한, 자기 생일을 생각한다는 건 쉽지 않을 테니 말이다.
 이날은 며느리들이 모여 생신 음식을 마련해야 하니 특별한 일이 아니고는 빠질 수 없는 날이다. 어머니의 말씀에 따라 며느리들의 일이 분담된다. 음식 솜씨는 둘째 며느리가 제일 낫다며, 이번에도 주방 일을 아내에게 맡기신다. 이럴 때는 맏동서의 입장을 고려하여 난감한 분위기가 되지 않도록 사전에 말씀드렸기에 다 알고 계신다.
 어머니는, 자연스럽게 형수님에게는 전혀 다른 일을 분담토록 하신다. 그래도 묘하게 곤란한 일이 생길 때가 있다. 그러면 어머니의 상황 설명으로 오해를 사지는 않지만, 아내는 지은 죄가 없어도 늘 긴장을 늦출 수가 없었나 보다.

시아버님의 생신을 준비해야 하는 며느리 입장이니, 조촐한 생신상이라 해도 친척이나 지인들이 찾아오다 보면 앉아 쉴 틈이 없다. 해마다 자기 생일에 아버님 생신 치르는 일을 하지만 한 번도 불평하지 않는다. 내가 부모님께 말씀드려서 아내 생일을 모두 다 알지만, 그 당시 분위기는 젊은이 생일에 어른들은 그다지 신경 쓰지 않았다. 시부모님 생신에 자신의 생일이 묻혀버려 서운한 맘이 왜 없겠냐만 내색하지 않는 아내에게 남편인 나도 세심하게 신경 쓰지 못했다. 다행히도 어머니는 생일을 맞은 며느리에게 냄비에 밥을 새로 하고 미역국을 듬뿍 담아 생일상을 따로 챙겨주셨다. 어느 때는 생일 선물로 양말을 받기도 했다. 어머니의 이런 배려가 눈물겹도록 감사하다는 아내의 말을 듣고 미안하고도 고마웠다.

세월이 많이 흘러 아버지는 물론, 몇 년 더 사신 어머니도 하늘나라로 떠나신 지가 20년이 넘었다. 오늘 생일을 맞은 아내도 어느새 실버세대란 말이 어울리게 됐으니, 지나간 시절의 이런저런 일들이 하나씩 영화필름처럼 스쳐 간다. 힘든 일도 많았지만 그래도 지나고 보니 소중한 추억들이다.

엄마의 생일을 위해 두 딸이 휴가를 내어 하루를 함께 보낼 수 있어서 좋았다. 점심은 딸들이 예약한 목동에 있는 모 음식점에서 즐겁게 식사를 했다. 마침 오늘이 아내가 봉사 다니는 화요일이라, 동료 봉사자들에게 떡을 사다 건네주고 조기 퇴근을 했다. 그 길로 네 가족이 항동에 있는 푸른 수목원에 갔다. 조성된 지 오래지 않아도 제법 분위기가 좋다. 사람이 그리 많지 않아 조용하고 아늑하다. 그곳은 작년에도 몇몇 문우들과 갔었지만, 가까운 곳에 이런 수목원이 있어서 가족끼리 한나절 힐링 코스로는 그만이다. 후문 쪽에 장미원이 있어서 가보니 10월 말인데도 장미가 많이 피어 있다. 자세히 보니 대부분이 이울었지만, 생생히 피어오르는 봉우리도 간혹 눈에 띄었다. 며칠 전 상강 절기가 지났는데도 장미꽃을 볼 수 있다니, 그만큼 기후의 변화로 겨울이 덜 춥다는 것이 느껴진다.

 단풍이 보기 좋게 물들어 아름다운 세상 속에 들어온 느낌으로 걷다 보면, 옛날 기찻길을 만나게 된다. 야산을 좌우에 두고 곧게 뻗어가는, 향수가 묻어나는 기찻길 그대로다. 어릴 적 철로 위를 걷던 생각이 저절로 난다. 친구와 장난을 하다 기적 소리를 못 들어 기차가 별안간 달려와 급히 뛰다가 책가방을 떨어뜨렸었는데 집에 와 보니, 만년필을 잃었다. 고모부에게서 중학교 입학 선물로 받은 나의 보물이었는데. 다음날 찾으러 가봤지만 소용이 없었다.

 항동 수목원에 빼놓을 수 없는 명물이 철길이다. 기차 대신 사람이 걷는 풍경이 자못 이채롭다. 가족끼리 가끔 나들이도 했더라면 좋았을 텐데 무엇이 그리 바빴는지 여유로운 휴식을 별로 하지 못하고 살았다. 몸보다 마음이 더 바빴던 탓이리라.

 오래전, 시아버님 생신을 잘 마치고 돌아온 아내에게 "당신도 오늘 생일인데, 애썼어." 하며 위로와 칭찬을 해주었지만, 뭔가 부족함이 느껴졌다. 생일을 잊고 지나간 적은 없지만, 기억에 남을 만한 선물을 해주지 못한 게 늘 미안했었다. 부모님이 안 계신 지금도 무뚝뚝한 내가 칭찬받는 남편이 되려면 아직 갈 길이 멀어 보인다. 이제부터라도 하나씩 실천해 보려고 하지만 맘같이 되지 않는다.

 "아버님도 오늘이 생신이었는데," 하고 떠올리는 아내에게 미안하고 고맙고 사랑하는 마음을 전하며, 딸들이 낮에 사 온 생일 케이크와 와인을 네 가족이 함께 즐겼다.

아직 끝난 게 아니다

　밤마다 기승을 부리는 열대야로 잠을 설친지도 열흘이 넘었다. 평소 외출도 잘 하지 않는 아내가 며칠 전부터 몸이 불편해했다. 워낙 더운 날씨 탓이려니 하고 하루하루를 견디고 있지만, 좀처럼 회복되지 않는다. 아침에 큰딸이 아내를 데리고 병원을 방문했다.
　진료를 받아보니, 짐작도 하지 못했던 코로나 양성이란다. 코로나는 다 끝난 줄만 알았는데…. 증상이 이미 5, 6일이 지났다면, 2차 감염이 우려되므로 정밀검사가 필요하다는 의사의 소견에 따라 입원하기로 했다.
　엄마를 입원시키고 나니, 아빠가 걱정된다는 딸들과 미리 준비해둔 '코로나 자가 진단 키트'로 검사했더니, 이게 웬일인가! 나도 양성이다. 이틀 전부터 미세한 감기 증세가 느껴졌지만, 대수롭지 않게 여기고 지나쳤다. 병원에 가서 진단을 받고 처방전을 받아야 치료제를 구입할 수 있을 터인데. 시간은 이미 토요일 오후로 접어들었다. 월요일까지 기다릴 일이 아니라 서둘러 이전에 가본 병원엘 가서 진단을 받은 후 처방전을 받았다. 그러나 주변 약국엔 약이 품절이라 결국 집

근처에서 와서 겨우 구했다. 무관심한 사이에 코로나가 재확산되고 있다는데, 이를 예상하지 못한 약국에선 늘어나는 수요에 대비하지 못한 것 같다.

코로나-19는 엔데믹으로 선언한 지 오래여서 그때와는 다르게 경계심이 많이 풀렸나 보다. 흔한 감기나 주기적으로 유행하는 지역 풍토병쯤으로 여겨 마스크를 안 써도 되고, 격리할 필요도 없다고들 한다. 감염되더라도 증상이 가벼운 걸로 알려졌는데, 당해 보니 그렇지 않았다. 조기에 발견해서 적절한 치료를 받지 않으면 2차 감염 발생이 매우 높은데도, 너무 쉽게 생각한 게 아닌가 하는 아쉬움이 남는다.

몇 주 전에 코로나에 걸렸다며 마스크를 쓴 사람과도 함께 수강한 적이 있고, 매주 서너 곳에 나가 수강하고 있다. 결국, 마스크도 없이 외출한 내가 가족에게 감염시킨 것 같다. 지난주에는 한 지인이 톡방에 감기로 고생하다 나중에야 병원에 갔더니, 코로나 양성 판정을 받았다며 조심하라는 글을 올렸다. 뒤늦게 여기저기서 감염 소식이 이어진다. 그러고 보니 코로나는 아직 끝난 게 아니다. 경계심을 늦추는 사이 재확산이 시작된 게 분명하다. 그러나 지금도 사람들은 무관심하다. 이번엔 노년층에서 감염되는 사례가 대부분이라고 한다.

나이가 들수록 건강 관리를 잘하여 면역력을 길러야 공기 중에 떠도는 병균을 막아낼 수 있다. 눈에 보이지 않는 미세한 세균이나 바이러스를 막아내려면 개인 위생에 더욱 신경을 써야 할 때다. 지난 몇 년 동안 그토록 힘겹게 지구촌이 몸살을 겪으며, 너나없이 마스크 착용과 손 씻기 등 개인 위생에 힘쓰지 않았던가. 지금은 그때보다 한결 무디어진 느낌이 든다. 팬데믹을 해제했기 때문이기는 하지만, 지나치게 느슨해지긴 했다. 이렇게 허점이 노출되는 사이 녀석이 어린이나 노약자들에게 집중 공격을 하는가 보다.

팬데믹에서 앤데믹으로 전환할 때, 감염 후 조기에 치료받지 않고 시기를 놓치면 2차 감염의 위험성을 자세히 알려 경각심을 갖도록 했으면 좋았을 걸 하는 생각이 든다. 나는 집에서 처방 약을 먹고 있지만, 아내는 병원에 입원 치료 중이다.

알고 보니 코로나는 지금도 소문 없이 빠르게 감염자가 늘고 있으니, 보다 적극적으로 감염병 치료 프로그램이 운영되면 좋겠다. 보통 감기와 다르게 일단 감염되면 2차 감염률이 매우 높다는 걸 모르고 있으니, 노약자에겐 그만큼 위험성이 높다. 그런데 아직도 방송 매체를 통해서 '코로나-19 재확산 움직임이 보인다는 소식은 본격적으로 보도하는 건 못 봤다. 지금도 쉬지 않고 감염자가 늘고 있으니, 코로나는 아직 끝난 게 아니다. 감염병이 유행할 땐 항상 조심하여 외출할 때마다 마스크를 쓰고 개인 위생에 관심을 높여야겠다.

질서(秩序)

　우리가 사는 세상은 아름답고 살기가 좋다. 끊임없는 과학 기술 개발로 날이 갈수록 더 편해지고 있다. 이 좋은 세상에서 누구나 행복한 삶을 영위할 권리가 있다. 그러기 위해서는 우리 모두 질서를 지켜야 안전을 보장받을 수 있다. 법과 질서란 그만큼 생활에 꼭 필요한 요건이다.
　인간은 어려서부터 질서와 규범을 지키는 교육을 받았고 그것을 실천하며 사는 데에 누구나 공감할 줄 안다. 자동차를 보더라도 교통질서를 지킴으로서 복잡한 거리를 빠른 속도로 달릴 수 있다. 만일 우측통행이나, 신호등의 빨간불과 녹색불의 기본 규칙을 무시한다면 어떤 결과가 올지는 설명할 필요가 없다. 이처럼 무슨 일이든지 정해진 규칙에 따라 차례를 기다리는 것은 질서의 기본임을 모르는 이가 없다.
　건널목 건너기, 공중화장실 이용하기, 대중교통 이용하기, 은행 이용하기, 관공서 업무 등 일상생활에는 언제나 질서를 지켜야 편하고 안전하며 진행도 빠르다.
　어느 추운 겨울날, 종로에 갈 일이 있어서 전동차를 이용했다. 탑승 장마다 승객들이 양쪽에 두 줄로 서서 기다리고 있는데, 한 사람이 늦게 와서는 한가운데로 바짝 다가섰다. 전동차가 도착하여 문이 열리고 승객들이 내릴 길이 막혀서 주춤대는데도 비켜주기는커녕, 내리기도 전에 먼저 타려고 비집고 들어가니, 여간 혼잡한 게 아니었다. 주변 승객들은 눈살만 찌푸릴 뿐 누구 하나 바른말 하는 이가 없었다.

나 역시 이런 경우를 보고는, "여긴 내릴 통로인데요."하고 조심스럽게 말했다가, "당신이 뭔데."하고 거칠게 대드는 바람에 난처해진 적이 있었다. 정중히 설명해서 설득하려 했으나, 옆에 섰던 분이 툭툭 치며 만류하는 바람에 그만두고 말았다. 이런 광경을 가끔 목격하지만 아무도 바른말 하는 이를 볼 수 없다. 한마디 했다가 혹여 봉변을 당하지 않을까 두려워하는 것 같다. 이런 일을 또 만나면 못 본 체해야 할지, 그래도 선도해야 할지 선뜻 판단이 서지 않는 게 솔직한 심정이다.

전동차 안에서는 보기 좋은 광경도 종종 있다. 비 오는 날 가방과 우산을 든 사십 대로 보이는 여성이 탔다. 얼핏 보기에도 몸이 불편해 보였다. 그녀 앞에 앉아 있던 50대 여성 승객이 잠시 살피더니, 얼른 자리를 양보하며 앉으라는 것이다. 처음에는 괜찮다고 사양하다가 재차 권유하니, 그녀는 감사하다는 인사를 하고 자리에 앉았다. 즐거운 마음으로 자리를 양보하는 모습을 보면서 마음이 흐뭇했다.

요즘 전동차 안에는 임산부 지정석이 마련돼 있다. 임신 초기에 겉으로는 잘 나타나지 않지만, 당사자는 매우 힘든 시기일 수 있으므로 자리를 양보하자는 것이니, 참 좋은 제도라고 생각한다. 분홍색이 선명하여 쉽게 눈에 띄기도 하지만, 임산부에게 자리를 양보하자는 문구까지 있어서 전동차 이용 고객이면 누구나 보았을 것이다. 이 자리에 어이없게도 건장한 중년 남자가 태연히 앉은 경우를 본 적도 있다.

작은 배려가 살기 좋은 사회를 만든다는 맘으로 참여하는 세상이 아직 멀어 보여서 아쉬웠던 기억이 떠오른다.

3년 전, 스페인 바르셀로나에 갔을 때 두 가지 놀라움을 경험했다. 첫째는, 천재 건축가 가우디의 설계로 시작한 성가족성당은 130년이 지났지만, 아직도 건설 공사 중이다. 하늘을 찌를 듯한 여러 개의 첨탑이며 그 규모에 놀란 기억이 생생하다.

둘째, 바르셀로나 시민들의 교통질서 의식은 감탄할 만했다. 대로가 아닌 주택가 도로에도 대부분 신호등이 설치됐는데 건널목의 빨간불이 들어오면, 오토바이는 물론이고 자전거도 사람도 위반하는 이가 없었다. 신기해서 며칠간 지날 일이 있을 때마다 먼발치에서 유심히 살폈지만 위반자를 발견할 수 없었다. 보는 이가 없어도 신호를 기다렸다가 차례가 와야 건너가는 것이다.

우리나라는 오토바이가 신호등을 위반하는 걸 자주 본다. 부끄럽지만 그중에 나도 있음을 숨길 수가 없다. 질서는 밝은 사회의 기본 바탕이라 생각한다. 우리 몸에 비타민이 꼭 필요하듯이, 질서는 생활에 없어서는 안 될 필수 영양소라고 할 만하다.

치매

사람은 누구나 무병장수를 원한다. 세상에 태어나 한평생 살면서 병마에 시달리지 않고 건강하게 살아간다면 그보다 더 큰 복이 없을 것이다. 한결같은 그 바람이 무색하게도 선천적이든 후천적이든 원하지 않는 각종 질환으로 고통받는 이들이 생각보다 많다. 그중 60대 이후 노인에게 많이 발생하는 게 불청객 치매다. 치매는 병명이라기보다 특정한 증상들을 한데 모은 현상이라고 한다. 여러 원인에 의해 뇌 기능이 손상되거나 퇴행성 등으로 이상이 생겨 기억력, 공간 지각 능력, 계산 능력, 언어 능력, 판단 능력 등이 서서히 저하되어 정상적인 생활이 어려워지는 증상이다.

진행 정도에 따라서는 가정에서 보살피기가 거의 불가능한 경우도 적지 않다니 안타까운 일이다. 갈수록 생활 여건이 좋아지고 의료 기술도 발전하여 해마다 수명이 연장되어 우리나라 평균 기대수명이 82.7세라고 한다. 이제는 100세를 넘긴 인구도 2019년 5월, 현재 19,500여 명이란 통계 발표가 있었다. 명실공히 백세 시대가 열린 것이다. 따라서 치매의 발생도 늘어날 가능성을 배제할 수 없는 게 현실이다.

　예부터 장수는 축복으로 받아들여 왔다. 그 축복이 치매로 인하여 가족이나 주변 사람들에게 불편한 일이 벌어지는 것은 노인 자신도 원하는 바가 아닐 게다.

　나이는 숫자에 불과하다는 말이 있듯이, 요즘 신문을 통하여 만날 수 있는 100세 김형석 교수님이 문득 생각 난다. 그 연세에도 왕성한 집필 활동을 하신다고 전해진다. 며칠 전 신문에서 보니, 금년 1월부터 8월까지 강연 횟수가 150회를 넘겼다는 내용이다. 놀랄 만하다. 교수님 말씀에 의하면, 80대에도 기억력은 좀 저하되었지만, 사고력은 거의 변함이 없다고 한다. 개인차는 있겠지만 인간의 머리는 계속 쓴다면 노화의 진행을 지연시킬 수 있다고 하니, 부지런히 책을 읽으며 글도 써 보고자 한다.

　이제는 지방자치제도의 출범으로 지역마다 운영하는 프로그램이 다양하다, 서울의 경우는 구청마다 각종 분야를 배울 수 있도록 기회가 열려있다. 나도 구로구청의 정보화 교육이나 서예 등을 배우고 있다. 의욕만 있으면 얼마든지 배울 수 있으니 감사한 일이다. 프로그램 수강이 치매 예방에 도움이 된다니 일석이조인 셈이다.

　그뿐 아니라, 서울시 각 구청에서는 치매안심센터 운영으로 좋은 반응을 얻고 있다. 나의 아내도 몇 년 전부터 치매안심센터에 매주 한 번씩 봉사하러 간다. 프로그램 보조 역할을 하다 보면, 경증 치매 환자를 만나기도 하는데, 안쓰럽게 보이는 경우도 종종 있나 보다.

　어느 날 집에 돌아와 내게 "여보! 우리 취미 생활도 하고 봉사 활동도 하면서 치매 걸리지 말고 삽시다." 한다. 4시간의 프로그램을 힘겹게 마치고 돌아가는 노부부의 뒷모습을 측은하게 보고 온 아내의 술회(述懷)다.

내일을 모르는 것이 인간의 삶이기에, 치매 예방에 도움이 된다면 무엇이든 관심이 가게 된다. 책을 읽는 게 두뇌 운동에 도움이 된다고 오래전부터 알려졌기에 매일 30분 정도 독서를 하다가 일기도 쓰는 습관이 생겼다. 독서는 마음의 양식을 쌓는 일이기도 하다. 건강을 지키는 슬기로움도 책 속에서 찾을 수 있다.

몇 년 전 방송에서 전철역 이름을 인천에서 소요산까지 거침없이 외우는 80대 노인을 본 적이 있다. 62개 역을 외우기 위해 남모르는 노력을 한 결과이리라. 이렇듯 부단히 뭔가 하고자 하는 이에겐 치매가 오지 않는다고 한다.

전철에서 노인들의 농담을 들었다. 스스로 걸어 다니는 것이 진정한 수명이지 누워있는 것은 수명으로 치지 않는다며 입씨름하는 걸 볼 수 있었다. 장수하되 내 다리로 걷는 건강한 장수를 하자는 말이었다.

늦은 나이에 글쓰기를 배우고자 시작한 것이 지금 생각해보면 잘한 선택이었다. 수필을 쓰려면 자연히 책을 많이 읽어야 하고, 사고(思考)와 관조(觀照)를 생활화해야 한다. 그러다 보니, 무엇이든 예사롭지 않게 보게 된다. 이런 과정은 두뇌를 써야 하니, 그것은 치매 예방에 효과적이라고 한다.

한평생 성실히 가꾸어진 인격이 치매로 인하여 송두리째 무너지는 일이 없기를 바라는 마음은 누구나 공감하리라.

오이지

한여름 식탁 위에 올라온 고향 내음
짭조름 고유의 맛 세월에 동화되어
산뜻한 청량감으로 다시 만난 감칠맛

잊혔던 추억의 맛 어머니 얼굴 모습
그 옛날 우리들의 애환이 서려 있네
이 여름 다시 찾아온 네 이름은 오이지

4부
/
아름다운 도전

전망 좋은 우리 집

여름을 노크하는 오월이다. 짙어가는 녹음은 바라보는 것만으로도 맑은 정신과 평안한 마음으로 힐링이 된다. 대자연의 무한한 혜택을 세상 모두에게 거저 주는 건 실로 고마운 일이다.

나는 교차로 앞에서 살아 보니, 덤으로 얻은 게 있다. 남부 순환도로와 경인 도로가 만나는 곳은 클로버형 교차로이다. 그 안쪽 녹지대에 있는 나무가 무성해져서 도심 속의 작은 숲이라 할 만하다. 봄이면 삭정이처럼 앙상하던 가지에 파릇한 새싹이 움터 날로 푸르름을 더해가고, 여름엔 무성한 잎이 뒤덮여 바람이 불 적마다 출렁거려 바다의 파도를 보는 듯 시원하다. 가을에는 단풍이 곱게 물들어 알록달록 화려함이 한 폭의 그림 같다. 늦가을이 되어 낙엽이 깔리면 바스락대는 갈잎을 밟으며, "시몬, 너는 좋으냐 낙엽 밟는 소리가….." 구르몽의 시 「낙엽」을 읊어 본다.

한겨울에는 알몸으로 떨고 있던 가지에 눈이 쌓이면 하얀 동화 나라가 된다. 다만, 느티나무, 벚나무, 은행나무, 플라다나스 이런 나무는 소나무처럼 눈 덮인 모습이 탐스럽고 한동안 지속되지 않는 게 아쉽다. 그래도 거실 창 너머에 펼쳐지는 풍경은 집에서 사계절을 오롯이 느낄 수 있으니, 도심 주택으로는 손색없는 위치라고 생각한다.

이곳으로 이사 올 때 창밖에 보이는 전망에도 신경을 썼다. 14층에서 내려다보면 발밑에 펼쳐진 숲이 마치 우리 집 정원처럼 느껴진다. 철 따라 옷을 갈아입는 나무를 보면 자연의 경이로움에 감탄사가 절로 나온다. 아파트 후문에서 도로만 건너면 바로 연결되니 가까운 것도 큰 장점이다. 녹지대에 들어서면 산책길이 조성되어 있고 운동기구도 마련돼 있어서 휴식 공간으로도 나무랄 데가 없으니, 이 정도면 족하지 않은가.

계절의 여왕, 오월엔 어디를 가나 꽃들이 저마다 맵시를 뽐낸다. 장미, 백합, 금낭화, 해당화, 튤립, 죽단화, 모란, 작약, 등이 앞을 다투어 피어난다. 철부지 적에 달콤한 향기에 끌려 따먹던 아카시아꽃도 지금이 제철이다. 라일락은 오월의 여왕이라더니 세월 따라 변하여 지난달 초에 지레 피었다가 이미 이울어 버렸다.

훈훈한 봄바람을 타고 나뭇잎이 점점 무성해지는 신록의 계절이다. 마치 17세 청소년과도 같은 때이다. 원숙한 성년에는 2%쯤 부족하다 하겠지만, 무한한 성장으로 하루가 다르게 발전하는 시기다. 청소년이 아직 미성년이듯이, 신록은 무성하게 우거진 녹음에는 미치지 못한다 해도, 나날이 변해가는 왕성한 오월이다. 창밖에 내다보이는 풍경은 이미 짙푸르게 우거져 얼핏 보면 한여름이 온 듯한 모습이니….

숲속을 거닐면 웬만한 걱정은 사라지고 편안한 마음을 갖게 하는 것은 자연의 혜택이다. 나무는 해충으로부터 자신을 보호하기 위하여 '피톤치드'란 화학 물질을 뿜어내는데, 그 물질이 인간의 지친 심신을 치유하는 작용을 한다니 얼마나 다행한 일인가. 숲에 들어서면 몸과 마음이 평안해지는 건 녹색 환경이 인간에게 베푸는 은혜라 생각하니 자연을 보호하는 게 마땅한 일이 아니겠나.

　지금쯤 숲속에선 예쁜 산새들이 보금자리에 새끼를 기르기에 한창이리라. 어린 시절엔 산새 보금자리를 찾으러 숱하게 쏘다녔다. 그 무렵 새 소리를 따라가다 큰 뱀을 밟을 뻔했다. 기절할 만큼 놀란 데다 물리면 죽을 수도 있다는 말을 듣고 나니 더 큰 충격을 받아 몸살까지 났었지. 뒷동산엔 종달새, 개개비, 때까치, 박새, 직박구리, 꿩, 뻐꾸기가 울어대고 밤이면 구슬피 우는 소쩍새 소리가 들리는 때도 지금이다.

　흔히 바다가 보이거나 강 또는 호수처럼 앞이 확 트인 집을 전망 좋은 집으로 꼽는다. 나도 동감이지만 우리 집 전망도 제법 괜찮다고 생각한다. 창 너머 로타리를 돌아가는 자동차 행렬은 멀리 곧게 뻗은 오류동까지 이어져 색다른 볼거리가 된다. 어둠이 깔린 야간에는 브레이크 등과 전조등, 신호등이 녹색 적색으로 바뀌면서 조화를 이루는 움직임에 잠시 시선이 멈춘다. 멀리서 앰뷸런스가 번쩍이며 요란한 소리로 지나가면 걱정 어린 맘에 한참 시선을 빼앗길 때도 있다. 저마다 분주히 지나는 자동차 행렬을 보고 있노라면 잡다한 잡념을 털어내는 방법이 되기도 한다.

　세상 만물의 활동이 어느 때보다도 활발한 계절, 산과 들에는 신록의 향연이 한창이리라. 넓은 들에 이삭이 차오르는 청보리가 바람 따라 출렁이며 파도치는 평화로운 모습은 시대를 뛰어넘는 마음의 고향이다.

　쭉 뻗은 도로 주변의 고층빌딩과 좌우에 아파트 숲이며, 철 따라 다르게 색칠하는 계절의 변화도 오롯이 볼 수 있는 교차로 녹지대가 한눈에 내려다보인다. 끊임없이 오가는 활기찬 자동차 행렬을 보면 살아 있는 자신을 새삼 느낄 수 있다. 이만하면 우리 집 전망도 제법 그럴 듯하다고 여기며 산다.

아름다운 도전

매주 토요일에 방송되는 '시니어 토크쇼 황금연못'은 젊은 시절의 다양한 경험에서 얻은 지혜와 추억담을 얘기하며 뒤돌아보는 프로다.

지난주에 이 프로를 보다가 깜짝 놀랐다. 두 팔이 없는데도 만능 스포츠맨이란 말을 들을 정도로, 여러 가지 운동을 즐기는 모습에 아름다운 도전의 승리라고 생각했다. 인간의 도전은 끝이 없다는 걸 확인한 셈이다. 팔꿈치만 있어도 지금보다는 어려움이 덜하지 않았을까 하는 생각에 가슴이 저렸다.

출연자는 젊어서 고압 전기에 감전 사고를 당하여 일곱 번의 수술을 받았지만 끝내 두 팔을 지켜내지 못했다니 얼마나 기가 막혔을까.

사고 당시 다니던 직장이 영세업체라 산업 재해의 혜택도 제대로 받을 수 없어서 치료를 받으며 많은 어려움을 겪었음을 알 수 있었다. 남들이 모르는 육체적, 정신적, 경제적 고통이 얼마나 심했을까. 처음에는 삶을 포기하고 3층에서 뛰어내렸다고 한다. 그런데 뜻밖에도 지나가던 사람에게 떨어져 살아났다는 것이다. 사람의 생사가 뜻대로 되지 않는 걸 깨닫고 앞으로 살아갈 일을 생각했다는 말을 할 때는 그

때가 떠올랐는지 얼굴에 긴장이 역력했다.

　다시 마음을 고쳐먹고 죽을 각오로 살면 무엇인들 못 하겠는가 하고, 현실을 받아들여 적응하는 방법을 준비했음을 차분히 설명했다. 그는 손수 고안하여 만든 의수가 20종이나 된다고 하여 또 한 번 놀랐다. 또 지체가 자유롭지 못한 중에도 자동차 운전면허에 도전하여 양손이 없는 장애인 최초로 운전면허를 획득했으니, 기적이 아니고 무엇인가.

　그리고 탁구를 시작하게 된 것은 88올림픽 패럴림픽에서 손을 잃은 장애인이 손목에 탁구채를 묶어서 경기하는 것을 보는 순간 나도 할 수 있다는 용기를 얻었다고 한다. 그는 끊임없는 훈련으로 선수로 출전하여 메달을 받기까지 성공했다며 자랑스러워했다.

　그다음은 수영에 도전하여 각고의 노력 끝에 선수가 되었고, 대회에 나가 메달도 받았다. 그야말로 인간승리의 완성이라 하겠다.

　그래도 도전은 멈추지 않았다. 파크골프, 가수, 그리고 컴퓨터의 키보드도 자신이 개발한 의수 기구를 이용하여 치고 있다고 했다. 무섭도록 집념이 강하다고 생각한다.

　만일 나라면 저만한 용기와 끈기로 해낼 수 있었을까 생각해 보니 도무지 대답할 자신이 없었다. 사람은 뜻하지 않은 환경이 닥치면 극복하고자 하는 초인적인 힘을 발휘한다고 하지만 당해 보지 않고는 누구도 장담하기 어려운 일이다.

　방송을 보다가 과거 군대 생활할 때의 일이 떠올랐다. 나도 군용차량에 탑승 중 교통사고를 당하여 다리 골절상을 입고 군 병원에 입원했을 때의 일이다. 바로 옆 침대에 환자가 들어왔는데, 음주운전으로 차량 전복 사고를 일으켜 오른쪽 손목을 잃은 하사였다. 그는 밤이면 없어진 손가락이 아프다고 소리를 지르는 바람에 병실의 환자 모두가 잠을 설치기가 일쑤였다. 없는 손가락이 아프다고 툭하면 악을 써서 혹시나 정신이 잘못된 게 아닌가 하고 의아했었다. 그러나 나중에 군의관의 말을 들으니, 이런 경우는 손가락이 있는 듯이 통증이 느껴진다고 해서 오해가 풀렸다.

자신의 음주운전으로 당한 일이라 잘못을 뉘우치며 아무도 원망하지 않는다고도 했다. 틈틈이 왼손으로 글씨 연습도 하고 장애를 극복하려고 노력하는 모습이 눈에 선하다. 얼마 안 가서 후송되어 떠나니 그 후의 일은 알 길이 없다.

이번 TV 출연자는 몇 년 전에도 방송을 통해 소개된 적이 있다니 본 사람도 많으리라 믿는다. 모진 고난과 역경을 딛고 도전을 계속했으니, 얼마나 많은 서러움의 눈물과 좌절을 맛보았을까. 지금 70대의 고령임에도 또 다른 도전을 꿈꾼다니, 대단하고도 아름다운 도전의 승리를 위하여 아낌없는 박수를 보낸다.

화려하던 단풍도 어느새 낙엽이 되어 땅에 뒹구는 늦가을이다. 한 해를 아름답게 마무리하고 의연하게 겨울을 맞이하는 나무를 보고 배운다. 우리 인생도 가을을 보람되게 정리하고 마음이 평화로운 황혼을 맞으면 좋겠다. 더 늦기 전에 뭔가 흔적을 남겨보고자 오늘도 글쓰기와 서예 작품을 위해 나름의 도전을 진행하는 중이다. 주황빛 노을에 비추어진 세월의 잔상이 아름다웠노라는 의미를 남기고 싶은 것이 욕심은 아닐는지.

긍정적으로 참여한 자치위원

　내가 사는 지역에 긍정적인 자세로 관심을 가지면, 안 보이던 것이 보이기도 한다. 2019년 여름, 주민센터에 갔다가 동 자치위원을 모집한다는 걸 알게 되었다. 전에도 비슷한 단체는 있었지만, 이번에는 권한과 책임이 강화된 기구로서 구로구 16개 동 중에 4개 동을 시범적으로 선정하여 새롭게 시행하는 주민 대표 기구다. 자치위원회는 주민의 삶을 향상시켜 보다 살기 좋은 마을을 만드는 일에 필요한 여러 가지 사업을 계획하여 실행한, 내가 생활하는 마을을 위한 일이기에 봉사하는 마음으로 기꺼이 신청했다.

　10여 년 전 일이 생각난다. 오래전부터 봉사 활동을 하는 아내의 권유로 독거노인 도시락 배달을 수년간 해보았기에 봉사하는 즐거움을 안다. 경험하기 전에는 전혀 몰랐던 행복감이다. 이번에 모집하는 자치위원은 무보수 명예직으로, 동(洞)마다 50명씩 뽑는데 다행히 나도 선택을 받았다.

　이곳으로 이사 온 건 2002년, 한일 월드컵 축구로 지구촌이 온통 열기가 뜨겁던 해였다. 그때만 해도 생활 터전이 양천구 신정동이라

낮에는 거의 집을 비우기 때문에 집 주변 외에는 잘 모르고 여러 해를 살았다.

쉴 줄 모르는 세월을 어쩌지 못해 모든 활동에서 은퇴하고 집에 머물며 직장 일도 한동안 했다. 이제는 남에게 도움이 되는 일을 해보겠다는 마음이 들었다. 즐거운 마음으로 자치위원이 됐다. 위원들 상당수가 나처럼 일선에서 은퇴한 시니어들이다. 이들은 학교 선생님, 공무원, 기업의 임원, 일반 직장 퇴직자, 각종 자영업, 건설업, 운수업 등 각각의 직업으로 왕성한 활동을 한 사람들인데, 주민자치위원이란 공동체에 들어왔으니 초심으로 시작하겠다는 마음들이다.

전체 회의 때 만나서 몰랐던 것을 배우기도 하고, 많은 사람을 알게 되어 좋았다. 그러나 일 년도 못 되어 코로나-19란 감염병의 출현으로 사회적 거리 두기를 시행하므로, 50명이 한자리에 모인다는 것은 위험천만한 일이 되고 말았다. 그래서 전체 회의는 스마트폰을 이용하여 비대면 줌(zoom)으로 회의를 진행했다. 이렇게 되고 보니 현장감이나, 사안마다 구체적인 의논과 토론이 제대로 되는 것 같지 않아 아쉽지만 어쩔 수 없는 일이었다. 위원회는 각각 분과별로 소수의 인원이 만나서 일을 진행한다.

2020년에는 사회적 거리 두기 규정을 지키면서 골목마다 방역 소독을 십여 차례나 하는 등 분과별로 소리 없는 활동을 이어 나갔다. 2021년에는 깨끗한 골목 환경을 위하여 쓰레기를 마구 버리는 곳을 정리하여 화단을 설치하고 꽃을 심는 사업으로 많은 호응을 얻었다.

주민자치회는 마을에 필요한 일, 고쳐야 할 일, 문제점 등을 총회를 통해 주민들에게 의견을 묻고 채택된 계획을 주민센터와 협력하여 실행한다. 살기 좋은 마을을 위하여 문화, 복지, 교양, 취미 등의 프로그램을 개발하여 누구나 이용할 수 있는 환경을 만든다. 지난 2021년을 돌아보면 인문학 강의, 영화 상영, 별자리 관측, 골목에 화분 설치 등 분과 별로 적지 않은 사업을 실행하였다. 12월에는 우리 분과의 기획으로 개봉1동 아카이브를 제작하기 위하여 전원이 열심히 준비하여 모은 자료를 토대로 올해 2월에는 완성된 수첩(아카이브)이 나올 것으로 믿고 기대하고 있다.

아카이브는 마을의 자랑거리나 문제점, 사라지기 전의 모습 등 특징을 사진으로 담아서 보관해 두는 기록 보관실 역할을 한다. 앞으로 달라질 수도 있는 미래에 지금의 모습을 고스란히 볼 수 있는 귀중한 자료가 될 것이다.

자치위원으로 활동해 보니 몰랐던 걸 많이 알게 되고, 여러 가지 정보도 얻을 수 있었다. 서울의 시민이면 누구나 내는 개인 균등할 주민세 중 교육세를 제외한 금액을 되돌려 받아 우리 마을을 위하여 쓴다. 개봉1동의 경우 이 금액이 5천여만 원이나 된다. 이 돈은 꼭 필요한 곳에 쓰이도록 위원들이 회의를 통해 세심하게 진행한다.

또 직장이나 자영업 등 일선에서 은퇴하면 할 일이 없다면서 지루한 시간만 탓하며, 공원에서 서성이는 시니어가 된 지인을 만나 대화해 본 적이 있다. 어디서 누굴 만나도 인정해 주지 않는다고 불만이었다. 매사에 부정적인 시각을 거두고 긍정적인 자세로 참여하면 세상이 더 아름답게 보일 것이다. 건강이 허락하는 한 내가 할 수 있는 일을 찾아서 동참하는 것이 육체나 정신 건강을 유지 관리하는 일이 된다. 내가 일선에서 은퇴한 후 사회에 봉사하고자 긍정적으로 자치위원 활동을 해보니, 역시 잘한 선택이라는 생각에 보람을 느낀다.

고향 집엘 갈 때면

　라디오에서 귀에 익은 노래가 나온다. 정지용 작시 「향수」란 노래를 듣고 있자니, 문득 고향 집이 생각이 난다. 소절마다 어린 시절에 놀던 때가 되살아나는 내용이다.

　　흙에서 자란 내 마음
　　파아란 하늘 빛이 그리워
　　함부로 쏜 화살을 찾으려
　　풀섶 이슬에 함추름 휘적시던 곳
　　그곳이 차마 꿈엔들 잊힐리야.

　내가 태어나 잔뼈가 굵어진 곳은 인천 변두리 넓은 벌에 자리한 인천시 계양구 귤현동 농촌 마을이다. 외진 곳이라 그런지 툭하면 주소가 바뀌었다. 부천군에서 김포군으로, 인천시로. 이름이 바뀐 대가나 되는 듯 농촌에까지 '인천 지하철'이 개통되어 교통이 훨씬 편리해졌다. 그러나 신작로 건너 큰말과 작은말은 세대수가 많아 동네의 중심이었는데, 지하철이 들어오면서 우리 집이 있는 마을과는 갈라지고 말았다. 그때 지하도나 육교를 요구했지만, 관철되지 못했다. 스무 세대도 채 안 되는 작은 마을이라 받아들이지 않았다. 결국은 500m 정도 떨어진 길을 돌아다닐 수밖에 없게 되었다. 아파트가 들어서더니, 어릴 때 놀던 정든 모습은 사라지고 대대로 살던 사람들도 뿔뿔이 흩어졌다. 규모가 천 세대를 훌쩍 넘는 아파트 단지라, 소문난 역세권이 됐지만, 우리 마을 생활에는 별 영향은 끼치지 않는다. 이제 과거 즐겁던 장소는 간데없고 주택 단지로 채워져 옛 정취가 사라져서 아쉽기 그지없다.

고향 집에 갈 때면 가끔 생각나는 일이 있다. 결혼을 앞두고 부모님께 신붓감과 인사를 드리기 위해 가던 때였다. 1976년 지인의 중매로 만난 예비 신부(지금의 아내)와 서울서 만나 인천행 기차를 타고, 부평에서 내려 강화행 시외버스를 탔다. 택시를 탈 수도 있었지만, 평소 모습을 꾸밈없이 보여줄 생각이었다. 그때만 해도 택시는 위급한 경우에나 이용할 때라 자칫 눈총을 받는 일이기도 했다.

고향 가는 길이 비포장도로지만 늘 다녀서 몸에 익숙한 탓인지 불편한 생각은 별로 하지 않았다. 우리가 탄 버스가 계산동을 벗어나고부터 비포장도로가 시작되더니, 차가 껑충껑충 뛰기 시작했다. 좌석이 뒤만 남았기에 우리는 맨 뒤에 앉았는데, 별안간 자동차가 뛰더니 천정에 머리를 부딪히고 말았다. 처음엔 놀랐지만, 자동차가 춤출 때마다 계속되기에 아무래도 안 되겠으니 일어서자고 하는 내게 그녀는 괜찮다며 태연한 표정이다. 초행에 너무 미안해서 한 번 더 말했더니, 이것도 소중한 경험이라며 나를 안심시켰다. 그녀는 참을성 많고 지혜로운 여성이었다. 만난 지가 한 달도 못 되어 대화도 어색하던 때라, 미안한 마음을 충분히 전달하지 못한 게 나중에 생각해도 후회스러웠다. 가던 날이 장날이라나, 그날따라 버스가 타이어 펑크 수리로 시간이 늦었다고 급히 달려서 더 덜컹거린다고들 했다. 지금도 고향 집에 갈 때 아내가 농담 삼아 그때 일을 꺼내면, 난 미안해서 아무런 변명도 하지 못한다.

고향엔 어릴 적 기억이 살아 숨 쉰다. 낮은 야산으로 둘러싸여서 아늑한 마을엔 초가지붕이 띄엄띄엄 자리 잡아 앉았다. 감나무가 많고 은행나무도 있는 우리 집엔 마당도 제법 넓었다. 추우나 더우나 놀이에 팔려 어둑해져도, 엄마가 밥 먹으라고 부를 때까지 마당에서 놀았다. 어디에서나 함박꽃, 백합 향기부터 두엄의 독특한 향까지 맡아야 내 고향인 것만 같았다. 봄바람조차 달콤해 마냥 즐겁던 시절엔 가는 곳마다 우리들 세상이었다.

뒷동산은 그리 높지 않아 마을 중 일부지만, 올라가면 사방이 한눈에 들어온다. 저 멀리 끝없이 넓은 들이 시원스레 펼쳐져 있다. 밥맛 좋기로 소문난 김포평야 일부다. 들판 너머 가물대는 공항에서는 비행기 뜨는 소리가 뚜렷하게 들린다. 거리를 생각하면 앞에서는 얼마나 큰 소리일까 생각해 본다. 우람한 모습으로 높이 떠 새파란 하늘에 흰 구름을 지나서 엷은 구름 속으로 자취를 감출 때까지 보고야 돌아선다. 하늘에 떠가는 비행기를 보며 알 수 없는 미래를 상상하던 어린 시절이 그립다.

1980년대 들어서 마이카시대가 열렸다고 떠들던 때에 나도 1984년에 비록 중고차라도 마련해서 고향 집에 몰고 갔더니, 아버지께서 좋아하시던 모습이 지금도 눈에 선하다. 호탕하게 웃으시며 그만큼 크게 기뻐하시는 모습은 철들고 처음 느낀 일이라 기억 속에서 영원히 지워지지 않는다.

말끔히 포장된 아스팔트 길로 고향 집에 갈 때면 자동차 소음조차 숨죽이듯 조용하다. 과거 비포장 길 다니던 생각과 대비 돼서인지 유난히 안락한 느낌을 받는다. 어릴 적 뒷동산에 올라가 동쪽 하늘에 두둥실 떠가는 뭉게구을 타고 오밀조밀 꿈꾸던 시절이 언제였던가. 좋은 일이 나를 기다릴 줄만 알고, 한 달이 하루처럼 어서 가기를 바라며 동심의 나래를 펴던 때가 엊그제처럼 가물거린다.

(mbc 라디오 〈여성시대 양희은 서경석입니다〉에 방송 됨 2020. 9. 7.)

오이지

 삼복더위가 기승을 부리는 한낮, 연신 몸에서 땀이 줄줄 흘러내린다. 이런 여름 더위에는 입맛 잃기가 쉬운지라, 식사 때마다 아내의 고심이 적지 않다. 가족의 건강을 위하여 평소에 못 보던 오이 냉채, 미역 냉국, 콩나물국, 냉콩국수 등이 식탁에 자주 오른다. 그리고 여름이면 우리 집 식탁에 단골로 등장하는 것이 바로 오이지다.
 오이지라면 어려서부터 먹던 우리나라 전통적인 여름 반찬이다. 동절기에 배추김치가 대표적인 반찬이듯이 여름 한철에는 오이지가 대표적이라 할 수 있다.
 며칠 전부터 식탁에 오르는 오이지를 먹어 보니 아삭아삭하고 짜지 않아 입맛에 딱 맞아서 맛있게 먹고 있다. 어쩌면 이렇게 꼭 알맞게 만들었을까? 아내의 음식 솜씨는 처음부터 어머니에게 인정받을 만큼 좋은 건 알고는 있었지만, 예전과는 전혀 다른 맛에 새삼 놀라움과 칭찬을 곁들인 어제저녁 식사 시간은 참 즐거웠다.
 오이지를 먹다 보면 문득 어렸을 적 생각이 호수 위 안개처럼 피어난다. 농촌에서는 밭에서 오이를 따가지고 좋은 것은 따로 담아서 시장에 가져다 팔아야 하고, 꼬부라지고 못생긴 것은 씻어서 오이지독에 넣는다. 가끔은 팔러 갈 양이 못 되어 모두 다 오이지독에 쏟아붓기도 한다. 그래서 꼬부라진 것도 있고, 곧고 잘생긴 것도 있다. 열세 식구의 식생활은 무엇이든 모자라는 것 투성이라 엄마는 가능한 건 많이 준비하려고 애쓴다. 밭에서 나는 오이만이라도 넉넉하게 하는 것이다.

그때는 오이지가 너무 짜서 미리 썰어서 물에 한참 담갔다가 먹었다. 그래서 난 그것을 그리 즐기지 않았지만, 그렇지 않으면 변질이 되어 허연 골마지가 생겨서 어쩔 수 없었다. 냉장고가 없던 시절이니 상하지 않도록 염도를 높이는 게 당연했다.

엄마의 일손을 돕다 보면 광에 있는 커다란 오이지 독에 깨끗이 씻은 오이를 내가 가져다 붓기도 한다. 그 독 안에는 파란 채로 색이 거의 변하지 않은 것도 눈에 띈다. 엄마는 어제 넣은 것이라 아직 간이 덜 들어서 그렇다고 일러 주신다. 호기심에 하나 꺼내 맛을 보니, 별로 짜지 않아서 맨입에 먹기도 좋았다. 마땅한 주전부리가 없던 때라 그런지 내게는 괜찮은 간식거리가 되기도 했다. 밭에서 일손을 돕다가 들어와서 엄마에게 "파란 오이지 하나만 주세요." 하면 바쁜 중에도 빙그레 웃으시며 잘생긴 것으로 꺼내 주신다. 매끈하고 곧은 걸 보는 순간 입속에 침이 고이며 깨물기도 전에 맛있는 느낌을 받는다. 신기하고 묘하던 그 기분이 오래도록 기억 속에 남아 있다.

언제나 내 맘을 알아주시는 엄마하고는 무슨 일이든 같이하면 재미있다. 초등학교 다닐 때는 도시락 반찬으로 오이지를 썰어서 꼭 짜서 무친 것을 많이 싸주셨다. 무짠지나 김치도 단골 메뉴였다. 형의 도시락은 한쪽 끝에 반찬통이 있지만, 내 도시락엔 그것이 없어서 밥에 스며서 그쪽 밥은 누렇게 물든다. 김치를 싸갈 때는 더 심해서 친구들과 같이 먹기가 창피해 혼자 먹기도 했다.

　세월이 많이 변해 이젠 우리도 잘살게 되어 좋은 먹을거리가 넘쳐 나니 오이지를 여름 반찬으로 기억하는 이는 드물 것 같다. 그래도 보릿고개의 어려운 시기를 겪었던 이들은 여름마다 짭조름한 추억의 맛을 잊지 못한다. 우리 집 식탁에는 오늘도 오이지가 자리를 차지했다.

(mbc 라디오 〈여성시대 양희은 서경석입니다〉에 방송 됨 2021. 8. 7.)

그 시절 설 떡만둣국

설 떡국을 먹어야 나이 한 살 더 먹는다는 게 전통적인 우리네 풍습이다.

설날이 되면 제각기 흩어져 살던 동기간이나, 일가친척이 모여서 정을 나누는 즐거움에 한 달 전부터 손꼽아 기다린다. 명절에는 음식 장만하느라 바쁜 일손을 아이들도 도와주기에 바쁘다. 엿을 고아서 콩이나 쌀을 튀겨 강정을 만드는 건 손이 많이 가는 일이다. 이럴 때 심부름을 하면 칭찬도 받고 맛있는 음식도 받아먹으니, 100점을 맞아 온 날보다 더 기분 좋다. 설날 음식은 약식, 다식, 잡채, 수정과, 한과, 엿 등 많이 있지만, 뭐니 뭐니해도 가래떡이 대표 음식이었다. 말랑말랑한 가래떡을 조청에 찍어 먹으면, 둘이 먹다 하나 죽어도 모른다는 말이 나올 정도다. 흰 가래떡으로 떡국을 끓여 먹는 것은 명이 길어지기를 빌고, 맑고 무탈한 한 해가 되기를 바라는 마음으로 먹었다고 전해진다.

요즘은 썰린 가래떡을 떡국용으로 판매하니 손쉽게 먹을 수 있지만, 예전엔 그렇지 않았다. 쌀을 씻어 방앗간에 가져가 떡을 빼 와야 했다. 동네 방앗간이 많이 밀리면 2km가 넘는 곳도 마다하지 않고 찾아갔다. 십여 명의 대기자 뒤에서 몇 시간을 기다렸다가 떡이 나오면, 김이 무럭무럭 나는 떡을 이고 지고 힘든 줄 모르고 돌아왔다. 때로는 이른 아침에 가서 밤중에야 떡을 받아오기도 한다. 가져온 떡을 펼쳐놓고 하루쯤 지나 꾸덕꾸덕해지면 손바닥이 부르트도록 썰었다.

모처럼 우리 가족이 좋아하는 만두를 빚었다. 아내는 이것저것 재료 준비하느라 만두를 빚는 일은 딸들과 내가 맡았다. "아빠도 함께 할 거죠?" 하는 딸의 말에 선뜻 대답할 만큼 나도 좋아하는 일이다. 만두 재료를 앞에 놓고 앉으니 옛 생각이 아지랑이처럼 피어오른다.

어렸을 적에는 식구들이 모여앉아 송편 빚는 걸 보고 나도 따라 해봤다. 예상외로 곧잘 만든다는 칭찬을 받았다. 떡을 예쁘게 만들면 이 담에 커서 미인 색시에게 장가들어 귀여운 딸도 얻는다는 말씀에 농담인 줄 알면서도 싫지 않았다.

한번은 송편을 만들다가 밤 모양을 만들었더니, "음식 가지고 장난하면 못 쓴다."라는 증조할머니의 지엄한 주의를 듣기도 했다. 내가 빚어본 송편과 비슷하기에 무난한 일로 생각했는데, 그게 아니었다. 송편과 만두는 재료도 촉감도 사뭇 다르다. 설불리 만들다간 끓일 때 터지기 쉬우니, 여간 신경 쓰이는 게 아니다.

떡만둣국을 먹을 때면 잊고 있던 그 시절 만두가 생각날 때도 있는데, 그건 우리 집안만 있던 것인지도 모른다. 그때는 요즘에 흔히 먹는 고기만두라는 걸 본 적이 없었다. 언젠가 엄마 따라 외가에 갔을 때 고기 만둣국을 처음 먹어봤다. 외삼촌은 끝없이 너른 밭에 채소 농사를 지었는데, 바로 옆에는 중국인들도 밭농사를 지었다. 어느 날 그들이 즐겨 먹는 만둣국을 가져왔다. 거의 세숫대야만큼이나 큰 그릇에 만두 네 개가 들었는데, 얼마나 큰지 하나로 둘이 나눠 먹었다. 좀 이상한 향이 나면서도 잊을 수 없는 일미였다.

　이제는 어디서나 가족의 입맛에 따라 만두를 떡과 함께 끓여 먹는 것이 보통이다. 설 떡국은 지역에 따라 조금씩 다르다. 북한은 논보다 밭이 많아서 쌀보다 밀가루를 이용하는 만두를 즐겨 먹는 습성이 자리 잡았으리라. 강원도는 꿩고기 국물에 만두 떡국을 즐긴다고 한다. 꿩고기를 뼈째 다져 소를 만들고 국물도 내어 끓인 만둣국이 별미라는데, 말로만 들었을 뿐 먹어보진 못했다. 강원도가 고향인 한 지인은 꿩고기는 잘 숙성된 막걸리 맛과 흡사하다고 했다. 신맛, 떫은맛, 쓴맛, 단맛, 담백한 맛, 구수한 맛 등 예닐곱 가지 맛이 조화를 이룬 막걸리 맛을 닮았다는 게 신기해서 한번 맛보고 싶다. 수도권에도 집안 별로 각기 다르겠지만, 소고기로 국물을 내는 것이 대부분이다.

　내가 어릴 적에 먹었던 만두는 요즘 것과는 다르다. 팥소에 살짝 간을 한 송편을 만들어 제 살끼리 아무린 날의 가운데를 양손 검지로 맞대고, 아래로 누르면 삼각 모양이 된다. 이걸 넣어 끓인 떡만둣국을 맛있게 먹었다. 그게 무슨 만두 맛이냐 할지 몰라도 먹어보면 또 찾는 소문난 맛이다. 인천에서 사탕 공장을 운영하는 대고모님은, 그 맛이 그리워 정월이면 두어 번 가족을 이끌고 우정 오셔서 맛있게 드신다. 그 만두가 당시엔 궁여지책이었는지 모르겠지만, 내게는 잊지 못할 추억의 맛이다.

　섣달그믐 날 저녁이면 잊지 않고 증조할머니께 묵은세배하러 오는 집안 아저씨가 있었는데, 내일 떡국 먹으러 올 테니 그 만두 남겨놓으라며 당부를 하고 가신다.

　모처럼 딸과 빚은 만둣국을 맛있게 먹으면서도 자꾸만 그 시절 설 떡만둣국이 그리워지는 건 웬일일까.

꿀맛

 "야! 꿀맛이다." 군대 생활 중 휴가 와서 어머니가 차려 주신 밥상머리에서 했던 말이다. 인간이 생명을 유지하려면 먹어야 한다. 음식에는 저마다 다른 맛을 지니고 있다. 단맛, 짠맛, 쓴맛, 신맛 그리고 감칠맛도 대표적인 맛에 포함된다. 그 밖에도 매운맛, 떫은맛, 아린맛, 상큼한 맛, 고소한 맛 등 헤아리기 어려울 정도로 많지만, 위의 다섯 가지를 기본 맛으로 하고 있다. 많고 많은 입맛 중에 먼저 생각나는 게 꿀맛이다. 벌이 꽃에서 따온 벌꿀의 단맛을 뜻하지만, 밥맛이 꿀맛이란 말처럼 맛있는 것의 대명사로 굳어진 지 오래다.
 사람마다 음식을 먹은 후 기억에 남을 만큼 맛있었던 적이 몇 번쯤은 있으리라 본다. 그 기억도 세월이 흐르면 점점 사라지지만, 좀처럼 잊히지 않는 일도 있다. 군대에 입대하여 겪은 일이다. 논산훈련소에는 연대라는 큰 규모의 군부대가 여럿 있어서 군인이 되기 위한 기본 군사훈련을 받는 곳이다. 그때는 연대마다 조금씩 다른 점이 있었다. ▽▽연대는 훈련이 수월해서 훈련받으나 마나라거나, ○○연대는 군기가 세다거나, ◇◇연대는 교장이 멀어서 잠자나 마나, 밥 먹으나

마나라는 소문이 공공연하게 떠돌았다.

고향에서 같은 날 입대한 친구 대다수가 수월한 연대에 배속됐지만, 나는 몇 명과 함께 교장이 멀어 힘들다고 악명 높은 ◇◇연대로 가게 됐다. 그곳에서도 모범부대라는 1대대로 배속되었기 때문에 우린 복불복이란 말을 많이 했다. 모범부대는 훈련이 엄격하여 매일 죽었다고 복창해야 할 정도였다. 모범이란 말에는 언제나 고달픔이 붙어 다닌다. 훈련소장이 시찰할 때는 우리 대대가 훈련하는 곳으로 온다. 그럴 때마다 더욱 강도 높은 훈련으로 거의 초주검이 되곤 했다. 훈련 뒤에 지친 병사들의 시장기야 말해 무엇 하랴. 요즘은 군대 식사 메뉴가 놀랄 만큼 좋아졌지만, 그 무렵에는 모든것이 열악했기에, 훈련병들은 종일 허기에 시달리는 것을 당연한 일로 알고 견뎌 나갔다. 먹어도 먹어도 배고픈 나이에 고된 훈련까지 받으니, 식사 시간이 되면 빨리 먹으려는 조급함이 굶주린 맹수를 연상할 정도였다.

식사 당번이 되면 한 시간 먼저 일어나 식당에서 소대원 전체의 밥을 타와야 하고, 청소 등 해야 할 일이 많아 항상 뛰어야만 했다. 남들은 벌써 학과 출장 집합을 했는데, 밥 먹을 시간도 부족한 데다 식깡을 세척하여 반납하고 가야 한다. 급히 서두르다 같이 뛰던 짝꿍이 발가락을 다쳐서 퉁퉁 부은 쪽 발엔 슬리퍼를 신고 훈련을 받은 적도 있었다. 단체생활이니 서로 의지하며 견디어냈지만, 대부분 5kg 정도 체중 감소는 보통이었다. 훈련장도 멀어서 별 보고 나갔다가 별 보고 들어오는 고단한 일과의 연속이었다.

여러 훈련 중 독도법(지도를 읽고 해독하는 법)이란 과목은 유일하게 편한 훈련이었다. 그래서 그날은 생일날로 알고 휴식하는 기분으로 훈련을 받는다. 마침 10분간 휴식 시간이라 동료와 야외 훈련장에 임시로 설치한 화장실에 갔다. 노크를 해도 반응이 없어서 문을 당겨보니 열리지 않았다. 이상해서 다시 한번 세게 노크를 했다. 그때서야 반쯤 열리면서, 그 안에서 이동 주보 아주머니가 "떡 사세요."하며 얼굴 대신 인절미를 내미는 것이었다. 깜짝 놀랐지만 이해할 수 있었다. 조교들에게 들키면 다 빼앗기는 것은 물론이고, 심한 말을 듣고 얼씬도 못하게 할 게 불을 보듯 뻔한 일인지라, 조교인가를 확인하느라 안에서 잠그고 있었다. 우리는 사방을 살펴서 조교들이 안 보이는지 확인한 후, 손수건처럼 얇게 만든 인절미를 사서 음료 대신 화장실 냄새를 맡으며 허겁지겁 나눠 먹었다. 얼마나 맛있었는지 임금님의 수라상에도 이만한 맛은 없었으리라. 세상에 둘도 없는 꿀맛이었다.

입맛은 음식 맛도 중요하지만, 주변의 배경이나 분위기, 그리고 즐거운 마음이라야 훌륭한 맛을 느낄 수 있다. 고급 음식점에 가면 예쁜 용기에 담긴 음식 모양이나, 종업원의 깍듯한 매너와 고급스러운 분위기 등, 식사하는 사람의 기분을 좋게 할 만한 환경이 조성되어 있다. 조금 보탠다면 신하가 임금을 대하는 장면을 떠올릴 만큼 흐뭇한 기분이 된다. 이만하면 음식이 혀에서 맛을 느끼기 전부터 머릿속에는 이미 맛있는 상상에 빠져 있으니 맛은 보나 마나 만족스럽다.

생활이 여유로워진 요즘은 분위기 좋은 곳에서 식사하기 위해 전국을, 또는 세계를 여행하는 이들이 적지 않다. 그래도 '시장이 반찬이다.'란 속담은 사라지지 않는다. 아무리 진수성찬이라 해도 배부르면 소용없으나, 허기질 때는 평범한 음식이라도 천하의 진미를 느끼게 된다. 독도법 야외 훈련장 화장실에서 조교 눈을 피하며 먹던 인절미 맛은 50여 년이 지난 지금까지도 잊히지 않으니, 그야말로 두 번 다시 없는 꿀맛이었다.

중학교 입학에 얽힌 사연

　어느새 감염병 예방을 위해 각종 모임을 자재하고 지낸 지도 일 년이 넘었다. 꼭 필요한 일이 아니면 외출을 삼가고 지내는 데 익숙해졌다. 집에서 책을 읽다가 지난 기억들을 더듬어 보니, 중학교 입학시험 보던 때가 문득 떠올랐다.
　그때는 학교마다 차이가 있지만, 대부분의 중학교가 입학시험을 치렀다. 나는 인천에 있는 인천중학교를 지원했다. 명문 중학교라는 건 알았지만, 경기도에서 제일가는 학교라는 것은 그때 알았다. 그 학교는 보통 실력으론 못 간다는 것을 알기에 지원이 쉽지 않은 곳이다.
　"인천 중학은 아무나 입학원서를 써줄 수 없지만, 너라면 써 줄 테니 꼭 합격하거라."
　담임 선생님의 말씀에 용기가 났다. 그런데 입학금이 상당하다는 것이다. 난 김포나 부평으로 가겠다고 했지만, 아버지의 뜻은 바뀌지 않았다. 이 학교를 지원한 것도 내가 아닌 아버지의 생각이었다. 그 무렵엔 지역 특성이나 경제 사정으로 대다수가 김포중학교를 지원했다.
　6학년 1반 반장 G 군은 학교장 추천으로 인천중학교에 무시험합격

됐고, 나와 2반 부반장 K 군이 함께 그 학교에 입학시험을 보러 간 거였다. 우리 학교에서는 그 학교 지원하는 것이 몇 년 만이라고 야단들이었다. 2반 담임 선생님은 K 군을 위해 시험 장소에 가셨지만, 우리 선생님은 시험 잘 보란 말씀뿐이었다. 섭섭하지만 어쩔 수 없었다. 아버지가 인천 먼 친척 아저씨뻘 고등학생에게 부탁해 시험장 밖에 와서 기다렸다. 과목이 끝날 때마다 나와서 문제를 풀어보더니, 합격하겠다며 격려해주었다. 나는 합격해도 걱정이라는 생각에 사로잡혀 시험 준비도 별로 하지 않고 평소 실력으로 하니 부담은 없었다.

　미술 실기는 자기 운동화를 책상 위에 올려놓고 스케치하는 것이었는데, 마침 지나가던 감독 선생님이 '잘 그리네.' 하며 내 옆을 지나갔다.

　시험이 끝나고 아저씨와 채점을 해보니, 375점 이상 나왔지만 합격이 확실하지는 않았다. 그 당시 커트라인이 360점이었기에 충분히 합격되겠다며 아저씨는 좋아했지만, 난 기뻐할 수가 없었다. 아버지가 빚쟁이의 독촉으로 시달리는 것을 몇 번 본 적이 있는데, 비싼 입학금으로 빚이 그만큼 늘어나는 건 빤하기 때문이었다.

　아버지는 동네 이장을 오래 하셨다. 사정이 딱한 지인들의 빚보증이 잘못되어 대신 갚아야 할 것이 적지 않다는 말을 들었다. 그 외에도 다른 사정이 있겠지만, 어린 내가 잘 알 수는 없었다. 논이 네 군데였으나, 한 배미씩 넘어가더니 나중에는 밭만 남고 말았다. 할아버지가 역정을 내셔도 어쩔 수가 없는 일이었다는 아버지의 힘없는 대답이었다. 믿었던 일이 이렇게 될 줄은 상상도 못 했다는 아버지가 옳았는지 나로서는 알 수가 없었다.

　발표하기 전까지도 나의 마음은 합격이 되면 어쩌나 하는 생각에 발표란 말만 들어도 가슴이 콩닥거렸다. 얼마 후에 발표가 됐는데 K 군도 나도 떨어졌다. 합격될 줄 믿고 있던 아버지는 퍽 궁금해 하셨다. 알아보니 면 소재지 학교 출신은 20점 감점이란 말을 그때 들었다. 적용 방법도 다르거니와 내 점수가 부족한 걸로 생각하련다. 나는 다행이다 생각했다가도 한편으론 섭섭한 생각이 들기도 했다. 웬일인지 내 맘이 나도 모르게 오락가락하는 걸 어찌지 못했다. 시골 학교가 차별을 받는 건 서운했지만 달리 방법이 없었다.

그 학교 시험을 안 보겠다고 했을 때 아버지는 그냥 보라고만 하셨다. 그래서 엄마에게 한 번 더 말했더니, 아버지 뜻을 따르라며 평소와 달리 얼른 돌아서는 엄마의 마음을 그땐 잘 몰랐다. 자식이 아버지 빚 많이 질까 봐 입학금이 적은 학교로 가겠다는 말을 듣고 얼마나 마음이 아팠을까? 내가 부모 되고 보니 그 마음이 어떤 것인지 알 것 같지만 되돌릴 수 없는 일임을 생각하니 가슴만 아프다.

나도 자식을 길러보니, 남들 다 보내는 학원에 보내지 못하면 상급 학교 진학의 단계가 갈리게 된다. 그걸 모르는 바 아니지만, 못 보내는 안타까운 심정은 오죽할까. 아버지의 선한 심성으로 가족이 힘들기는 했었지만, 언제나 옳은 길을 위하여 노력하시던 정신만은 우리도 본받아야 한다.

어릴 적엔 호기심에 그림을 그려보고 싶었지만, 기회가 없어 그냥 지나가 버렸다. 첫 단추를 잘 끼워야 한다는 말이 있다. 소질을 일찍 발견하여 계발하느냐 마느냐는 미래에 큰 차이가 되기도 한다. 어릴 적엔 부모님과 선생님의 세심한 관심이 중요한 건 그 때문이다. 그림을 배웠더라면 나의 인생이 어찌 됐을까 하고 상상의 나래를 펴 보았지만, 다 지난 일이라 더는 생각하고 싶지 않은 과거 일이다.

입학기에 문득 떠오른 중학교 입학시험 보던 그 기억이 이제 추억 상자 깊은 곳에 조용히 잠자고 있다.

첫 휴가 가던 날

　가슴 설레는 첫 휴가 가는 날이 왔다. 휴가라기보다는 3박 4일이니, 특별외박이다. 증조할머니가 편찮으시다는 편지로 하여 어렵게 얻어낸 기회였다. 군대 입대 후 8개월 만에 집에 갈 생각을 하니, 너무나 설레어 간밤에 잠을 설쳤다.
　며칠 전부터 이것저것 준비한다고 해야 작업복 세탁해 다려 놓고, 군화 닦아서 광내 놓고, 휴가 갈 날만 기다렸다. 그런데, 부족한 여비를 빌리기로 한 게 문제가 생겼다. 빌려주기로 약속한 서 일병이 전날 작업 중에 돈을 잃어버렸다는 것이다. 다른 몇몇 선배에게 부탁했지만 허사였다. 그때는 봉급날이 가까우면 빵을 다 사 먹고 빈 주머니이기가 일쑤였다. 한창 나이에 먹어도 배고프던 그 무렵에는 예사로운 일이었다. 하는 수 없이 부족한 대로 출발하기로 하고, 만약을 생각해서 아껴 쓰던 개인 세숫비누 두 장을 가방에 넣어두었다.
　당시 우리의 근무지는 산정호수에서 8킬로쯤 떨어진 자일 저수지 주변 산 밑 막사에 30명이 언저리를 개간해서 무를 재배하는 영농 파견장이었다. 파견 대장은 40대 중반의 육군 대위였는데, 나이에 비해진급이 꽤 늦은 것으로 보였다. 제대를 앞두고 있다는 말도 있었다.

　대장님께 신고를 마치고 가벼운 발걸음으로 정거장에 나왔다. 버스를 두 번 갈아타고 의정부에 와서 서울행 대원여객으로 또다시 갈아탔다. 차분히 여비를 계산해 보니 부평에서 집에 가는 버스 요금이 조금 부족할 듯했다. 바쁜 내 마음을 알고 있는 듯 버스도 생각보다 빨리 종로5가 종점에 도착했다. 내리면서 생각한 끝에 옆 골목 저만치에 보이는 작은 구멍가게를 발견하고 용기를 내어 들어갔다.

　가게 안에는 우리 할머니 연세와 비슷한 할머니가 앉아 계셨다. 잠시 망설이다 가방에 넣어온 군용 세숫비누 두 장을 꺼내 들고 사정 이야기를 하였다. 내 얼굴을 한번 올려다보시더니, 이백 원을 꺼내 주시면서 비누도 내밀며 그냥 가져가라고 하셨다. 난 얼마나 감사한지 눈물이 핑 돌았다. 내 나이 스물두 살이 되도록 이런 도움을 받아본 경험은 처음이었다. 할머니는 전방에서 고생을 많이 한 것 같다며 빵도 하나 주셨다. 점심때가 겹도록 식사는 생각도 못 하던 차에 감사하다는 말씀을 드리고 단숨에 먹어치웠다. 할머니께서 퍽이나 안쓰러워 보였는지, 빵 하나를 더 꺼내어 머뭇거리는 내 손에다 쥐여 주셨다. 체면 같은 건 나중에 생각하기로 하고 빵 두 개를 그야말로 게 눈 감추듯 먹어 치웠다.

　마음이 바쁜 나는 감사하다는 인사를 90도로 드린 후 서울역으로 향했다. 서울역에는 인천행 기차를 기다리는 사람의 줄이 길어 다음 기차에 겨우 탈 수 있었다. 기차 안에서 가방 겉으로 비누를 만져봤다. 당시의 군용 세숫비누는 품질이 좋은 편이 아니라 사회에서는 잘 쓰지도 않는다던데 이걸 내밀며 여비가 부족하니 이백 원에 사시라고 한 자신의 모습이 어땠을까? 그제서야 부끄러운 생각에 얼굴이 달아올랐다.

집에 도착하기 전에 식구들의 얼굴을 떠올려봤다. 나는 할머니가 두 분이시다. 증조할머니와 할머니. 증조할머니는 97세 고령이시라 면내에서도 장수상도 받으셨는데 자주 편찮으시다니 걱정이다. 입대 전에 한방을 쓰며 방 청소나 요강 비우기 등 소소한 심부름을 맡아 하던 이 증손자를 자주 찾으신다는 편지를 읽어보고 알게 되었다. 고령이지만 위중한 상황이 아니길 빌었다.

저녁 무렵이 가까워 집에 도착하니, 어머니가 대청마루에서 맨발로 앞마당까지 뛰어 내려오셔서 반겨주셨다. 얼싸안아주시는 어머니 눈에는 어느새 눈물이 고였다. 첫 휴가 때는 맨발로 맞아준다는 것이 빈말이 아니었구나! 하고 속으로 생각했다.

방에서 주무시던 증조할머니께서는 떠들썩한 소리에 깨어나셔서 내 목소리를 들으시고 힘겹게 마루로 나오셨다. "할머니 한목이에요." 했더니, "그래, 어서 올라오너라." 하시며 군화 끈을 풀 사이도 없이 재촉하셨다. "얼굴이 반쪽이 된 걸 보니 고생했구나!" 하시는 증조할머니가 그사이 더 약해지신 듯해도 심각해 보이진 않으니 마음이 놓였다. 열한 식구가 모여서 저녁을 먹고 이야기꽃을 피우며 밤이 깊도록 멈출 줄 몰랐다. 종로5가 할머니 이야기를 들은 식구들은 그렇게 고마운 분이 계셨구나! 하고 그분의 따뜻한 마음에 감사함을 한마디씩 하셨다.

하루해가 그렇게 빨리 저무는 걸 전에는 느껴보지 못했다. 어느 틈에 사흘이 지났으니 귀대할 날이다. 돌아갈 때는 어머니가 준비해 주신 인절미 가방 두 개를 가지고 집을 나섰다. 부대에 가져갈 것과 종로5가 할머니께 드릴 것이었다. 할머니 가게에 들어서니 뜻밖이라며 놀라셨다. 어머니가 전하는 감사 인사말과 함께 인절미가 든 가방을 드렸다. 가게를 하면서 차비가 부족하니 도와달라는 군인에게 조금씩 도와주긴 했지만, 다시 찾아온 사람은 처음 본다며 흐뭇해 하셨다.

  귀대해야 할 시간이 얼마 남지 않아 할머니와 작별 인사를 드리고 의정부행 대원여객 버스를 탔다. 차창 밖을 내다보며 생각했다. 각박한 세상이라지만 그래도 마음 따뜻한 사람이 주변에 있는 세상에 살고 있으니 진정 감사와 행복이 느껴진다. 나도 어려움을 당한 사람을 만나면 주저하지 않고 도와주어야겠다고…. 가게주인 할머니 손의 따뜻한 온기가 지금도 느껴지는 것 같다.

함박눈

회색빛 하늘이 나뭇가지에 닿을 듯 내려앉았다. 눈이 오려나 보다. 어제보다는 덜 하지만 여전히 추운 날이다. 오늘 같은 날은 따듯한 햇살이 그립다.

잔뜩 흐린 날씨에 서예 수강을 마치고 나와 보니 밖에는 함박눈이 펑펑 쏟아진다. 흰 눈은 비와 다르게 일부러 맞을 만큼 사람들이 반긴다. 나는 어렸을 때부터 함박눈이 좋더니 지금까지도 눈이 오면 반갑다.

오랜만에 함박눈을 맞으며 돌아오는 길에 눈을 굴리며 노는 아이들을 보니 어린 시절 생각이 살아난다. 눈 오는 날은 마냥 좋아서 옆집 친구와 발자국으로 글씨를 쓰며 놀고 있는데, 저만치에 아랫집 아주머니가 눈길을 힘겹게 지나는 걸 보았다. 이럴 땐 우리가 동네 길을 쓸자는 생각을 했다. 이웃집 가는 길마다 쓸고 다니니까 칭찬도 받고 군고구마를 주는 집도 있었다. 한참 쓸다 보니 땀이 나서 털모자를 벗어보니, 머리에서 김이 모락모락 난다. 주전자에 물 끓이는 것보다 더 하다며 서로 주장하는 장난도 재미였다. 놀잇감이 귀할 때라 별것도 아닌 걸 가지고도 깔깔거리며 놀았다.

어느 눈이 많이 온 날, 동네 형들이 토끼 사냥을 한다고 나가더니, 몇 시간 만에 지쳐서 빈손으로 들어왔다. 토끼는 꼬리도 못 보고 먼 산에서 나는 꿩 소리를 듣고 쫓아가다가 너무 멀어서 그냥 돌아왔단다. 옷이 다 젖고 바지가 찢어진 형도 있었다. 어른들의 "토끼는 아무나 잡는 줄 아냐." 하며 나무라는 말씀에 "담에는 꼭 잡을 거예요."라며 고구마를 꺼내다 깎아 먹는다. 농촌 겨울 간식은 고구마가 그만이다.

눈 내린 겨울이니 무슨 놀이를 할까 궁리하는 우리에게 참새 사냥을 해 보라는 형들의 말을 듣고 우리 손으로 준비를 했다. 맷방석을 엎어놓고 한쪽 끝에 30cm쯤 되는 막대기에 새끼 줄을 매어 걸치고, 그 안쪽에 쌀알을 조금 뿌려놓았다. 참새가 날아와서 우리를 조롱하듯 앞에서만 얼씬대다 날아가곤 한다. 숨어서 줄을 잡고 한참을 기다려도 좀처럼 쌀을 쪼아먹으러 들어가지 않으니 줄을 당길 기회가 오지 않는다. 지난번 형들이 두 마리나 잡은 걸 보고 따라 했는데 우리는 한 마리도 못 잡았다. 밖에서 들어오던 형들이 보고, "참새가 너희들을 잡겠다."라며 놀려대는 걸 우리도 다음에는 잡을 수 있다며 받아넘긴다.

허탕을 친 참새를 잡기 위해 초저녁에 손전등을 들고 우리끼리 참새를 잡으러 나섰다. 사다리가 없어서 빈 지게를 가지고 다녔다. 참새는 초가지붕 추녀 끝에 구멍을 만들어 그 속에서 주둥이만 내밀고 잔다. 캄캄한 밤에 손전등을 비추면 놀라서 까만 눈을 말똥말똥 뜨고 있다. 밑에 지게를 놓고 살금살금 올라가 숨을 죽이고 다가가 잽싸게 잡았다. 빠져나가려고 몸부림치는 것을 붙잡고 조심조심 내려오다 지게가 삐끗하는 바람에 그만 놓치고 말았다. 참새는 고사하고 다치지 않은 게 다행이었다. 다른 곳은 지붕이 높아서 지게로는 안 되겠으니 내일은 사다리를 준비해서 하기로 했다.

눈이 오면 참새들이 마당 주위를 맴돌아도 초등학생인 우리가 잡기는 쉽지 않았다. 지금 생각하면 그토록 참새를 잡으려 했나 생각되지만, 그때는 참새가 농사에 제일 큰 피해를 주는 존재로 알았다. 새 떼가 한번 와서 앉으면 볏논이나 참깨밭, 수수밭 등에 많은 해를 입기에 눈에 띄기만 해도 잡는 참새 퇴치 운동을 벌일 정도였다.

몇 학년 때인지는 모르겠으나 그해도 눈이 많이 내렸다. 어디가 길인지 구분하기조차 어려웠다. 학교 가는 길에 발을 잘못 딛고 미끄러져 논에 빠져 옷도 다 버리고 상처를 입기도 했다. 그날은 학교도 가지 못했다. 다음날 학교에 가보니, 우리 반 79명 중에 14명이 결석했다고 한다.

눈이 오면 택시나 택배 등, 자동차를 운전하는 이들의 어려움이 상상외로 크다. 오토바이로 독거노인 도시락 배달 봉사를 할 때였다. 눈이 어찌나 많이 왔던지 오토바이론 언덕을 오를 수 없었다. 걸어야 할 곳이 많다 보니, 30분 걸리던 일이 한 시간 반이나 걸렸다. 그날은 가는 곳마다 따뜻한 격려의 말씀으로 힘든 것은 다 잊고 더 큰 보람을 안고 돌아왔다.

함박눈이 내리는 밖을 보고 있자니 자연의 경의로움, 그 기세가 대단하다. 흰 꽃송이가 사뿐히 내려와 세상의 더러움을 덮는다. 인간 삶에서 빼놓을 수 없는 욕심과 분노와 다툼도 죄악도 흰 눈으로 깨끗이 덮여버리면 보다 밝고도 명랑한 사회가 될 터인데….

잠시 머물다가는 봄

　봄은 냉혹한 겨울을 이겨내고 찾아오는 반가운 손님이다. 개나리 진달래가 화사하게 피면 티 없이 해맑은 목련도 수줍게 따라나선다. 겨우내 모진 바람을 알몸으로 막아낸 나뭇가지마다 봄바람 따라 새순이 돋아난다. 추위를 견디느라 한껏 단단해진 아린을 뚫고 나온 새순이 어쩜 그리도 여린지. 그 모습은 볼수록 신비스럽다. 감나무 배나무는 말할 것도 없고 전나무 같은 침엽수의 새순도 연하기만 하다. 돋아나는 포도나무 새싹에 가만히 손을 대 보았더니 비단결 감촉 그대로다. 보드랍기가 아기의 피부 같다고 하면 지나친 표현일까.

　봄은 만물이 약동하는 시기인지라, 무엇이든 새로 시작하기 좋은 때이다. 세상 살다 보면 사람마다 각기 다른 사정으로 어려움을 만날 때도 있지만, 낙심했던 마음도 용기를 얻을 수 있는 계절이다. 이 좋은 시절이 기대와 달리 잠깐 머물다가 서둘러 가버리니 안타까운 일이다. 닭 쫓던 개가 지붕 쳐다보는 맘이 그렇지 않았을까. 봄은 겨울과 여름을 이어주는 징검다리다. 그래선지 춥지도 덥지도 않아서 생활하기에 편하다. '야, 봄이 왔구나!' 하며 반가운 마음으로 봄맞이 계획을 하다가도, 바쁜 일로 잠시 한눈을 팔 때가 있다. 그러다 보면 어느새 여름에 밀려서 저만치 떠나가 버리기 일쑤다. 가는 봄을 잡을 수야 없으니 서운한 마음만 안고 돌아섰던 기억은 다음 시기가 올 때까지 잊히질 않는다. 이러다간 아예 봄이란 계절이 자취를 감추는 게 아닐까.

짧아진 봄은 우리에게 아쉬움만 두고 간다. 이렇게 된 것은 지구 온난화에 따른 기상 이변이란 게 이미 알려진 사실이다. 우리 스스로가 지구 환경을 오염시킨 당사자임을 부인하지 못한다. 설마 하는 맘으로 환경 보호에 소극적이었던 지난날을 반성하며, 이제부터라도 더는 오염되지 않도록 모든 노력을 기울일 때라는 깨달음이 머릿속에 자리 잡는다.

근래에는 기상 이변이 잦아지며 우리를 긴장시킨다. 여름이면 전에 못 보던 폭염과 폭우가 잦고, 가뭄이나 긴 장마가 꼬리를 물고 이어진다. 몇 년 전에는 장마가 두 달 가까이 지속된 때도 있었다. 그 바람에 강물이 범람하여 마을이 잠기며 많은 인명 피해도 발생했으니 예삿일이 아니다. 그러나 당장 마땅한 대책이 보이지 않는다. 간단치 않은 문제이기 때문 아니겠는가. 늦었지만 지금이라도 너나없이 환경 보호에 적극적으로 나서야 할 때다. 각자의 위치에서 쓰레기를 줄이고, 개인 자동차 운행도 꼭 필요한 경우가 아니면 자제하고, 걷거나 대중교통 이용에 동참하는 것도 적지않은 보탬이 되리라 믿는다. 이런 일이 대기 오염의 주범인 '이산화 탄소' 배출 감소에 도움이 되기 때문이다. 그러나 실천이 없으면 소용없는 일이다.

재활용품 분류 배출하는 걸 생각해 봤다. 지역마다 각기 다르겠지만, 페트병에 붙은 상표 제거 실태만 봐도 절반 수준을 넘지 않는다고들 한다. 애써서 종류별로 분류 배출이 됐다 해도 분류 운반이 미흡하다는 현장의 목소리도 들은 적이 있다. 운반 시에 구분이 제대로 되지 않으면 헛수고가 되는 것이니, 규정에 맞는 작업이 되도록 서로서로 협력해야 한다.

꽃 피고 새들이 노래하는 봄은 새롭게 꿈을 펼치기 좋은 때이다. 낙엽 지는 가을이나 눈이 날리는 겨울에도 봄을 기다리며 하고 싶은 일을 구상하고 계획하다 보면, 어김없이 불어오는 봄바람에 꽃 향기가 날아든다. 흰 모자 쓰고 노랑 저고리에 분홍치마를 입은 멋쟁이 봄 아씨가 저만치서 미소 지으면, 반갑고 설레는 마음으로 일손 놓고 마중에 나선다.

자연 환경을 보호하여 봄 여름 가을 겨울이 자연스레 순환하는, 아름답고 살기 좋은 세상을 되찾을 수 있으면 얼마나 좋을까. 꽃이 피는 시기도 조금씩 차이가 나서 사이좋게 차례대로 피더니, 요즘에는 한꺼번에 피는 것 같다. 향기 좋기로 이름난 수수꽃다리는 4월 말에서 5월에 개화하는 것으로 알려졌지만, 이번엔 3월 중순부터 피더니, 4월 중순에 이울어 사라진다. 모두가 환경 오염에 따라 봄이 짧아진 원인과 무관하지 않아 보인다.

온 누리에 산천초목이 깨어나는 생기발랄한 봄을 손꼽아 기다렸건만, 잠시 머무는 듯하다가 여름에 자리를 내주고 지레 떠나버린다. 짧아진 봄이 아쉬움을 남기고 무정하게 등을 돌리는 걸 보면서, 연인을 보내야 했던 까마득한 옛일이 아른거리는 건 모를 일이다. 무엇이든 새롭게 시작하기 좋은 희망의 계절, 사랑이 싹트는 봄을 예전처럼 여유롭게 만끽하지 못하는 안타까움이 언제까지 계속될는지.

고향엔 어릴 적 기억이 살아 숨 쉰다.
낮은 야산으로 둘러싸여서
아늑한 마을엔 초가지붕이 띄엄띄엄 자리 잡아 앉았다.
추우나 더우나 놀이에 팔려 어둑해져도,
엄마가 밥 먹으라고 부를 때까지 마당에서 놀았다.
어디에서나 함박꽃, 백합 향기부터
두엄의 독특한 향까지 맡아야 내 고향인 것만 같았다.

기다리는 모정

은행잎 노랗게 물들면
외로움에 지친 노모의 시선
석양에 맴돌다 가지 끝에 걸린다

늦가을 마실 나온 햇살도
툇마루에 앉아 졸다 가면
눈에 밟힌 얼굴 번갈아 떠올리며
오늘도 누가 오려나 앞서가는 미련

괜찮다 올 것 없다 일렀건만
심연에 묻혀있던 그리움으로
신작로에 오가며 쌓이는 궤적

주름진 얼굴에 비치는 저녁노을
긴 한숨으로 아쉬움 감추려는
기다리는 모정

5부
/
비 오는 날의 초상

능소화 필 때면

 능소화가 피는 계절이면 아버님 생각이 난다.
 어렸을 적 우리 집 꽃밭에는 많은 꽃이 피어 꽃향기가 온 동네에 퍼져나갔다. 함박꽃, 백합, 난초, 죽단화, 칸나, 금계국, 그리고 백일홍, 다알리아 외에도 여러 종류의 꽃이 피고 지곤 하였다.
 내가 태어나서 자란 곳은 인천 변두리 농촌 마을이다. 아버님은 조상 대대로 그곳에서 농사를 천직으로 삼고, 빠듯한 농촌 형편을 근근이 견디며 우리 여섯 남매를 기르셨다. 세월에 장사가 없다더니, 왕성하시던 부모님도 차츰 기력이 쇠해지셨다. 자식들이 모시겠다면 한사코 마다하셨지만, 노년에는 결국 형님 댁으로 가시게 되었다. 때마침 집을 구하는 이가 있어서 텃밭과 함께 빌려주기로 했다. 이사 온 이는 밭에 비닐하우스를 짓고 신선초를 재배했다. 어쩌다 가 보면 토질이 좋아서 신선초가 잘 자란다고 흡족해했다. 원예 전문가인지 집 언저리에는 크고 작은 화분을 색다른 모양으로 채워놓아 '꽃집'이라고 불러도 부족함이 없을 정도다. 몇 년을 잘 지내더니 어느 날 이사를 가겠노라며 연락이 왔다.

그 무렵 아파트 생활을 답답해하시던 부모님이 다시 고향 집으로 들어가셨다. 그들이 가꾸던 화분은 몽땅 실어 갔지만, 울타리를 타고 올라간 넝쿨은 그대로 남아 있었다. 어느 여름날 부모님을 뵈러 갔더니, 울타리에 주황색 꽃이 화사하게 피었다. 처음 보는 꽃이라 한 가지 꺾어서 자동차 뒷좌석에 싣고 왔는데, 꽃송이가 몇 개 떨어졌다. 다음날엔 꽃병에 꽂았다. 시들지 않았는데도 꽃송이가 떨어지는 게 이상했다.

많은 꽃을 보아왔지만, 능소화란 꽃 이름은 생소했다. 이 꽃은 외래종이라 내 어린 시절만 해도 흔치 않았다. 꽃말은 명예, 영광, 그리움이다. 금등화 또는 어사화로도 불리며, 한때는 양반집에나 심는 귀한 대접을 받은 것 같다.

하룻밤의 성은으로 궁녀에서 빈의 신분이 됐지만, 기다려도 안 오는 임을 그리다 지쳐 상사병으로 생을 마치고 말았단다. 그녀의 유언대로 담장 밑에 묻어주었더니, 거기서 싹이나 담장을 기어올라 꽃을 피웠다. 그리운 임의 발자국 소리만이라도 듣고파 혼백이 꽃으로 핀다는 애달픈 전설로 관심을 갖게 하던 꽃이다.

그런데 독성이 있어서 만진 손으로 눈을 비비면 치명상을 입을 수도 있다는 말을 듣고 가슴이 철렁했다. 부모님께서도 뜻밖에 언짢은 소문에 요망한 꽃 같다며 정들기 전에 뽑아버려야겠다고 하셨다. 마침 그해 가을에 어찌 알고 이웃 마을 지인이 "버릴 거면 나 주세요." 하더니 얼른 옮겨가고 말았다.

이후 백과사전에서 찾아보니, 능소화는 혈액 순환을 촉진하여 혈액의 흐름을 원활하게 하고 해독 작용 등에도 도움을 주는 전통적으로 약용으로 많이 사용되는 꽃이라는 걸 알게 되었다. 독성이 있다는 것은 낭설이며, 옛날에 궁궐이나 양반들이 자기들만 보려고 평민들은 못 키우게, 눈에 들어가면 실명을 한다고 지어낸 말이란다.

  능소화는 7월에서 9월까지 피는 여름꽃이지만, 올해는 6월 중순에 꽃망울을 터뜨렸으니, 갈수록 계절이 빨라지는 게 확인되는 셈이다. 이 꽃은 특유의 가녀린 넌출에 달린 꽃차례가 미풍에도 흔들리는 게 애처로워 보인다. 누군가는 이것을 요염하게 교태를 부리며 유혹한다고도 했다. 보는 이에 따라서 전혀 다른 상상은 흥미로운 일이다. 몇 년 후 울타리엔 능소화 넝쿨이 다시 오르는 게 눈에 띄었다.

  어렸을 적 기억에도 농촌 생활은 새벽부터 땅거미 질 때까지 쉴 틈 없는 작업의 연속이었다. 그때는 지금처럼 트랙터, 이양기 등 기계화된 영농법은 상상도 못 하던 때라, 모든 걸 수작업으로 했다. 모내기를 위해 논갈이를 하려면 힘센 소가 큰 몫을 했다. 그 시절 소는 농촌에 없어서는 안 될 소중한 가축이었다. 우리 집에도 덩치 큰 황소를 키웠는데, 녀석이 워낙 거칠어 외양간에서 밖으로 내다 매려면 아버님 외엔 누구도 얼씬 못했다. 어느 봄날, 논을 갈던 아버님이 황소에게 심하게 받혀서 지나가던 이의 도움으로 가까스로 위기를 모면하셨다. 그 일로 인하여 여러 해를 병석에 누워 고통을 겪으셨다. 10여 년이 넘도록 후유증에 시달리셨으니, 옹색한 살림은 불을 보듯 뻔한 일이었다. 그래도 소가 없으면 농사를 지을 수 없다며 소를 아끼셨다.

  아버님은 젊은 시절에 농사 기술 교육을 남보다 많이 받아 농업 석사란 별호를 얻으셨다. 밭에 나가면 농작물과 대화한다고 한참씩 시간을 보내기도 하셨다. 꽃에도 관심이 높아 백합꽃과 자목련을 좋아하셨는데, 처음 보는 능소화도 곱다시며, 그 꽃의 생태를 궁금해 하시고 관찰할 계획을 해 두셨다. 그러나 노환이 시간을 허락하지 않으니 안타까움이 더하다. 한때 소에게 받혀 긴 세월을 힘들게 사신 아버님, 올해도 활짝 핀 능소화를 보니 그리움이 아프게 밀려온다.

하늘이 보내준 천사

 태어나서 제일 먼저 배우는 말이 '엄마'라고 한다. 어렸을 때 기억으론 엄마의 존재는 무엇이든 가능케 하는 해결사로 알았다. 자식을 사랑하는 모성은 똑같다지만, 내 어머니의 모성애는 남들보다 끔찍하셨다.
 주안 변두리 평범한 가정에서 1남 5녀 중 장녀로 태어나신 어머니는 지인의 중매로 선비 같은 아버지를 만나 혼인하셨다. 우리 집도 적지 않은 농토로 밥술 걱정은 안 하는 규모 있는 가정이었으나, 웬일인지 차츰 가세가 기울었다.
 내가 초등학생 때 우리 집은 열세 식구였다. 증조모님, 조부모님, 고모님 두 분 그리고 우리 여섯 남매가 한집에서 살았다. 봄부터 가을 추수까지 사는 일꾼 아저씨도 식구였고, 외양간 황소도 의례 한 식구로 여긴다니, 그러고 보면 열다섯인 셈이다.
 대가족의 식생활은 짐작하기 어려울 만큼 큰일이었다. 밥상을 언제나 네 개를 차려야 했다. 엄마는 밥상에 같이 앉는 걸 본 적이 거의 없다. 부엌일은 고모님들도 돕지만, 모든 일의 시작부터 마무리는 엄마의 몫이었다. 그뿐인가, 텃밭도 적지 않으니 밭일은 할머니와 엄마, 고모들이 대부분을 하셨다. 쉴 틈이 없는 게 농사일이다. 동생들 출산하실 때도 밭일을 하다가 산기를 느끼고서야 급히 들어와 아이를 낳으셨단다. 아낙들도 농사일을 돕는 건 흔하지만, 층층시하에 많은 식구로 엄마의 노고는 유독 더했다는 건 이웃 사람들이 늘 하던 말이다.

아버지는 사정이 딱한 지인에게 박절하지 못해서 늘 걱정을 안고 살았는데, 급기야 큰일이 벌어지고 말았다. 볏논 네 곳이 차례로 남에게 넘어갔다. 설마 하던 일이 현실이 된 거였다. 그 바람에 엄마는 커가는 자식들 배곯을까 봐 닥치는 대로 장사를 시작하셨다. 커다란 고무 대야에 멸치나 김, 자반, 바지락, 방게 등 해산물을 머리에 이고 팔러 다녔다. 여러 가지 장사를 하셨지만, 나중에는 쌀장사를 오래 하셨다. 근근이 식구들 입에 풀칠은 했으나, 무거운 쌀을 이고 다니느라 골병이 들으셨다. 허리, 무릎, 손목, 어깨, 손가락 성한 데가 없이 뒤틀리고 쑤셔도, "내 병은 내가 안다." 하시며 치료도 안 받고 일을 계속하셨다. 연약한 몸에서 그런 힘과 용기가 나셨는지, 놀랍고도 믿기지 않는다.

군대 갈 무렵 큰 이모님께 들은 얘기다. 어머니는 친정에 가시면 자식들이 눈에 밟혀 하루도 묵지 않고 오셨다고 한다. 외할머니에게만 눈물을 찍으며 얘기하다가도 동생들 앞에서는 시치미 떼셨단다.

"시집살이 고생 안 한다며 딴청이더라. 그런 엄마의 심정을 너희가 어찌 알겠니. 너희가 잘 모실 줄 믿는다."

이모님 말씀에 난 한동안 아무 말도 할 수가 없었다.

내 나이 열일곱에 할아버지가 돌아가셨다. 일 년 중에 제일 춥다는 소한 때였다. 얼마나 추웠는지 음식도 금방 얼어붙었다. 장례를 치르는 일이 너무 힘들었다고 여러 해 동안 동네에서 이야기들을 했다. 그때 나는 엄마의 손이 터진 걸 본 기억이 또렷하다. 앞마당 우물물을 긷는 손을 보고 깜짝 놀라서 "엄마 피나!" 하고 외쳤더니, "엄만 괜찮아."하며, 아무렇지 않은 듯 하던 일을 계속하셨다. 손등 터지는 건 봤지만, 팔뚝까지 짝짝 갈라져 피가 흐르는 걸 보고 눈물이 왈칵 나왔지만, 내가 할 수 있는 건 아무것도 없었다.

십수 년 전에 교회에서 새 신자 환영 시간에 '당신은 사랑받기 위해 태어난 사람'이란 노랫말이 나올 때 문득 어머니 생각이 났다. 누구나 이 세상에 사랑받으러 왔지 고초를 겪으러 온 건 아닌데 하고, 고르지 못한 세상을 원망하기도 했다.

투병 중이신 말년에 치료를 위해 이대동대문병원에 모시고 다니던 중 차 안에서 대변을 보신 적이 있었다. "어쩌냐….."하며 무안한 표정을 지으시는 어머니께, "괜찮아요, 참느라 얼마나 힘드셨어요, 이건 내게 찾아온 행운이니 복권을 사야겠어요." 너스레를 떨어가며 간신히 안심시켜드렸다.

어머니란 말만 들어도 눈물이 핑 도는 건, 생전에 성의껏 모시고자 했지만, 그러지 못한 일들이 생각나서 내내 가슴이 아렸다.

김초혜의 「어머니」란 시에 이런 구절이 있다.

빛 중에 / 해가 으뜸이듯이 / 사람 중에 / 어머니 제일이시네 // 학문을 많이 / 익힌 건 아니지만 / 사람의 법도 / 잘 다루시었고 // 의학을 몰라 / 의술은 아니어도 / 자식의 병 / 신통으로 다스리시고 / 당신의 병은 / 깊어도 앓지 않으시고 / 작은 몸 어디에 / 그런 힘 / 숨어 있답니까.

주자십회(朱子十悔) 맨 앞에 '불효부모사후회(不孝父母事後悔)'란 말이 나온다. 부모님께 효도하려 하나 기다려주지 않는다는 때늦은 후

회다. 이 글귀가 생각나면 꼭 내게 하는 말 같아서 얼굴이 확 달아오른다. 어머니는 가녀린 몸으로 힘든 여건에서도 자식을 위해 헌신하신 하늘이 보내준 천사이시다.

가족 나들이

오랜만에 가족들과 함께 파주에 있는 벽초지 수목원에 갔었다. 수목원에 들어서자 눈 앞에 펼쳐진 꽃밭은 예술이었다. 넓은 평지에다 수없이 많은 꽃으로 꾸며놓은 꽃궁전이었다.

이곳에는 동서양이 어우러졌다는 말을 들었지만, 동양은 우리 눈에 익어서인지 서양의 분위기가 물씬 풍긴다는 느낌을 받았다. 군데군데 많은 석고상은 고대 그리스의 거리 모습을 만난 듯한 상상을 불러온다. 조각가 미켈란젤로의 숨결이 스치는 듯하면서도, 예술적 감각을 느낄 마음의 여유가 내겐 아직 부족하다는 생각이 들기도 했다.

아기자기하게 웃으며 반기는 달리아, 패랭이꽃, 금잔화, 메리골드 등 온갖 꽃들이 천여 가지도 넘을 듯 다양하다. 무엇보다도 꽃들이 한창 피는 시기라, 향기와 함께 싱그러움이 기분을 한껏 올려 준다. 때를 잘 선택하는 것도 중요한 일이다. 꽃이 이울어진다면 느낌이 반감될 수 있는데, 이렇게 많은 꽃이 일제히 피어있으니 우리가 '골든타임'에 맞추어 갔던 것이다.

한 가지 더 좋은 게 있다. 나와 아내가 요즘 들어서 무릎이 약해서 계단 오르기가 부담스러운데 그곳은 평지라 전혀 부담감 없이 다닐 수 있어서 우리 가족 나들이 장소로는 안성맞춤이라 할 수 있다.

　오월엔 이렇게 편히 관람할 수 있는 곳에 가면 부모님 생각이 저절로 난다. 생전에 휴식을 모르고 자식들을 위해 고생만 하시다 가신 부모님 얼굴이 떠오른다. 이토록 많은 꽃구경을 시켜드린다면 얼마나 기뻐하실까 생각하니 목이 멘다.
　내가 어렸을 적, 우리 마당 곁 꽃밭에는 오월이면 꽃이 만발했다. 화단의 꽃들이 활짝 피면 꽃 향기가 온 집안으로 퍼져나갔다. 부모님은 농사일이 바빠서 밤에 꽃밭에 물 주는 것을 보았다. 그때부터 나도 마당에서 놀다가 가끔 물을 주곤 했다. 아버지는 백합을, 어머니는 함박꽃을 좋아하셨다.

　이곳은 몇 가지 테마로 구성된 것도 재미있다. 설렘의 공간, 신화의 공간, 모험의 공간, 자유의 공간, 사색의 공간, 감동의 공간 등으로 나뉘어 각각의 다른 분위기라 기대와 호기심을 갖기에 충분하다.
　신화의 공간에 스핀스톤이라 불리는 것은 지름 1.8m에 무게 7.5톤이나 된다는 커다란 화강암, 둥근 공이 물의 부력에 의해 0.5cm를 물 위에 떠서 자전하는 모습을 보고 동심으로 돌아간 듯 자연과학의 신비에 한참을 머물기도 했다.
　어린이들이 좋아하는 모험의 공간 끝에는 물방울 정원이라 해서 궁금했는데, 화단 모양이 물방울을 닮았다고 한 것뿐이라 좀 실망스럽기도 했다.
　이곳 수목원은 어린이를 동반한 젊은 부부와 중·장년층의 가족이나 친구끼리 많이 찾는 것 같다. 더러는 부모님의 손을 잡고 조심스럽게 걷는 모습이 보기 좋았다. 간간이 휠체어에 앉으신 노부모를 밀고 지나가는 이들도 눈에 띈다.

  생각해 보니, 지금의 내 나이에 어머니가 세상 소풍을 끝내시고 천국으로 떠나셨다. 이제 나도 자녀의 효도를 받는 부모가 되고 보니, 평생 자식을 위한 일이라면 열 일 제쳐놓고 앞장서시던 어머니 생각이 떠오른다. 노년에 좀 더 잘 모시지 못한 자책감에 좋은 경치나 맛있는 음식을 보면, 부모님 생각에 가슴이 져며온다.

  흐르는 세월에 언제부턴가 경로효친 사상이 시들해진 것은 안타까운 일이다. 해마다 찾아오는 오월 어버이날만이라도 오롯이 부모님 은혜에 감사하는 마음으로 하루를 지내고자 다짐해 본다.

바다낚시의 묘미

　형제들이 처음으로 바다낚시를 가기로 했다. 작년에 칠순을 맞은 셋째 아우가 아들과 가 보고는 재미있었다고 하여, 조카 동식이가 아빠 형제들(큰아빠와 작은 아빠들)을 초대한 거였다.
　바다낚시는 우리 4형제와 조카(충식, 동식) 두 명까지 여섯 명이 가기로 했다. 그런데 뜻하지 않은 일이 발생했다. 형수님이 코로나에 감염되는 바람에 형님은 부득이 빠지게 됐으니 할 수 없이 다섯 명만 동식이의 차로 떠났다
　토요일 9시에 형님 댁을 출발한 자동차는 마산을 향해 달렸다. 황금빛으로 변해가는 들판에는 간혹 벼를 벤 곳도 눈에 띈다. 목적지인 마산포구 원전항에 도착하니 오후 3시. 여섯 시간쯤 걸렸다. 거기서 콘도업체에 연락을 취하고 기다리다 배를 타고 7, 8분쯤 가서 해상콘도에 올랐다.
　처음으로 가 보는 곳이라 모든 것이 생소하다. 바다에 떠 있는 구조물이 끝이 안 보이도록 많아서 물어봤더니, 홍합을 기르는 양식장이란다. 그 너른 바다에 촘촘히 떠 있는 부표는 수산물을 얻기 위해 설

치해둔 것이니, 땅 위에 밭을 일구듯 바다에 밭을 일군 것이다. 한눈에 봐도 수산업의 본고장임을 말해 준다.

　부조물보다 비교적 가까운 쪽으로 우리가 들어선 콘도와 똑같은 모양이 시야에 들어오는 것만 해도 십여 개다. 이 콘도는 두 팀이 사용하도록 마련된, 생각보다 편하게 낚시를 할 수 있도록 준비된 곳이다. 여기서 다음날 오전 8시까지 낚시를 하든 잠을 자든 이용 허락을 받은 것이다. 바람도 거의 없는 좋은 날씨라 시기 선택을 잘한 것 같다.

　낚시를 조립해서 하나씩 물에 담그기 시작했다. 그런데 낚시가 물에 잠기기가 무섭게 입질을 한다. 어! 하고 가라앉던 낚싯대를 올려 보니, 글쎄 전갱이가 두 마리나 걸려 있다. 신기하고도 놀라웠다. 물속에서 마치 기다렸다는 듯이 덥석 문 것이다. 얼른 바닥에 떼어놓고 낚시를 던지고는 펄떡이는 것을 잡아 통에 넣고 다시 낚싯대를 잡았다. 그런데 이번에도 대가 가늘게 떨린다. 번쩍 들고 줄을 감으니 힘이 느껴지는 걸 보면 걸린 게 확실하다. 올려 보니 이게 웬일인가. 전갱이가 다섯 마리나 매달렸다. "야! 이거 봐라."하고 외쳤더니, 옆에 있던 충식이가 와서 도와주며 "잘하시네요." 한다. 바다낚시의 묘미에 상기된 나의 표정을 보고 "같이 오기를 잘했죠?" 하며 아우들도 즐거워한다. 사실 난 다른 일이 있어서 동행을 망설였지만, 선택을 잘했다는 생각이 든다.

　원래 낚시를 좋아하는 셋째 아우는 민물낚시를 매주 다닐 정도로 낚시광이다. 주변에 웬만한 낚시터는 다 가봤다고 할 정도다. 그러나 난 한 번도 낚시질을 제대로 해보질 않았으니 이번이 좋은 추억이 됐다.

　바다낚시는 처음이라는 넷째 아우도 고등어에 갈치까지 잡아서 흥분을 감추지 못한다. 말(馬)은 제 등에 탄 기수의 경력 정도를 정확히 안다고 하던데, 물고기 녀석들은 초보인지 노련한 꾼인지를 모르나

보다. 그러니 나 같은 초보자의 낚시에도 걸리는구나 하며 한참을 심심치 않을 만큼 잡았다.

몇 차례 연거푸 잡아 올리고 나니 좀 뜸해진다. 고기떼가 지나가는 시간이 지났나 보다. 무엇이나 타이밍을 잘 맞추는 것이 성패를 좌우한다는 말에 일리가 있다는 생각을 해 본다.

이번에 예상 못 했던 일로 형님이 불참했기에 설날에 만나면 내년에 한 번 더 추진해 볼까 하는 생각들이다. 그때는 온 가족이 함께 가는 안도 올려야겠다.

형제간에도 각기 생활이 바쁘다 보니, 명절이나 행사 때에 잠시 만나는 게 고작이어서 아쉬울 때가 많았다. 모두 일선에서 은퇴한 지 오래지만, 손주의 등하굣길을 돕는 등, 나름의 생활로 함께 모여 밤을 지새우는 일이 쉬운 일은 아니었기에 이번 낚시 여행이 더 좋은 시간이었다. 친구나 동기간에도 자주 만나지 않으면 소원해지기 마련이다.

요즘에는 가끔 한 번씩 형님 댁에 가면 고향의 느낌이 많이 달라졌다. 동네 전체가 아파트 단지 등으로 변해서 옛 모습조차 남아 있지 않은 데다 이웃집들도 텃밭이 다 팔려서 밭 주인은 생소한 사람들이다. 게다가 GPS 측량 결과 경계선이 2미터쯤 옮겨지는 바람에 100여 년 전부터 우리 땅으로 알고 있던 경계가 무너졌다. 100년 전에 할아버지가 심은 큰 은행나무가 있는 자리도 우리 땅이 아니라니, 여간 혼란스러운 게 아니다. 세월이 흐르면 모두가 변한다지만, 텃밭의 경계까지 이동되는 건 상상도 못 한 일이다. 이러니까 디지털화된 시대에 편한 삶을 살면서도 가끔은 아날로그가 그리워지는가 보다.

생전 처음 가 본 바다낚시를 통해서 동기간의 우애를 다지는 좋은 시간이 되었으니, 다음에도 모두가 동참하는 모임을 구상해 봐야겠다.

내 고향 귤현 마을

　내가 태어나서 자란 곳은 인천시 계양산 자락에서 이어진 평화롭고 살기 좋은 고장이다. 앞이 확 트여서 해가 일찍 뜨고, 옆으로는 한강 하류와 서해 바다를 잇는 아라뱃길이 조용히 흐른다. 물길 따라 자전거길이 조성되어서 하이킹족들이 수시로 오가는 곳, 공기 맑고 인심도 좋은 곳이다.
　넓은 평야가 한강 하구로 이어진 이곳은, 예부터 벼농사로 소문난 지역이다. 동쪽으로 펼쳐진 벌은 끝이 안 보이고, 그 너머 가물가물 김포공항이 보인다. 이따금 커다란 비행기가 우람한 소리를 토하며 힘차게 이륙하는 모습은 어린 마음을 설레게 했다. 높이 떠서 구름 속으로 자취를 감출 때까지 하늘바라기를 한다. 하늘에 떠가는 비행기를 보며 저 안에 누가 탔을까 궁금한 마음으로, 언젠가 나도 비행기 타고 여행하는 꿈을 꾸던 유년 시절이 아련하다.
　뒤로 서쪽 저만치엔 계양산이 듬직하게 버티고 있어, 암탉이 큰 날개를 펴서 병아리를 보호하는 모양새가 연상된다. 대대로 살아온 이 마을은 100호(戶)가 넘는, 면내에 몇 안 되는 큰 동네였다. 그 옛날, 귤

(橘)이 많은 고개(峴) 마을(里)이라 '귤현리'라 했다는데, 오래전 일이라 지금은 아는 이가 없으니 그저 전설인가 한다. 야트막한 언덕 양쪽으로 큰말, 작은말이 버섯처럼 옹기종기 모여 벼농사에 주력했는데, 시대에 따라 수익 높은 밭농사를 늘려가는 흐름이 이어졌다.

어려서는 부천군 계양면이더니, 1973년에 김포군이 됐다가 1989년엔 인천시로 편입되었다. 툭하면 이리저리 밀려다니는 천덕꾸러기로 오해했지만, 이젠 다 지난 이야기다. 인천시가 되니 '지하철 1호선'이 개통되고, 뒤따라 '공항철도'가 연결되어 환승하는 계양역이 고향 집에서 5분 거리다. 공항철도를 이용하면 서울역까지 40분대에 갈 수 있으니 교통도 그만큼 편리해졌다.

고향 집은, 큰말도 작은말도 아닌 신작로 건너 서쪽 야산 아래 마릿골에 있다. 띄엄띄엄 몇 집 안 되지만, 타성 두 집을 제외한 여덟 집 모두가 친척인 집성촌이다.

봄이 오면 동산에 진달래가 붉게 물들고, 여름밤엔 모깃불 피워놓고 옥수수 감자를 이웃과 나누며, 밤 깊어가는 줄 모르던 정다운 마을이다. 가을 저녁이면 서둘러 밭일 끝내고 수로에 나가 미리 쳐놓은 게막에 촛불을 켜고, 내려오는 참게를 잡아 오던 쏠쏠한 재미는 안 해본 사람은 모른다.

어느 날은 물고기 잡는 재미에 푹 빠져 개울 따라 올라가다 보니 금방 해가 넘어갔다. 산 밑이 어두워지자 별안간 무서운 생각이 들었다. 이쪽에서 문둥이를 보았다는 말이 기억나서, 친구와 정신없이 달려왔다. 집에 와 보니 호주머니에 넣었던 고무줄 총이 없어졌다. 내가 아끼고 아끼던 거였는데….

비가 많이 오면 물고기가 숱하게 올라와 고기 잡는 사람들이 우르르 모여든다. 소문을 듣고 부평에서도 트럭을 몰고 와서, 대형 드럼통으로 대여섯 통씩이나 잡아 싣고 갔다. 우리 마을 사람들도 미꾸라지를 몇 통씩 잡아다가, 다 먹을 수 없어서 멍석에 말려 가축 먹이로 쓰기도 했다. 이제 옛 모습의 자취는 사라지고, 농약을 사용한 뒤로는 미꾸라지도 참게도 구경조차 쉽지 않다.

지하철이 개통되니 단시간에 어디든지 갔다 올 수 있어서 생활 영역이 다양해졌다. 아파트도 1천여 세대가 들어차서 역세권이란 별명까지 붙었다. 그런데 지하철 개통이 큰말, 작은말이 있는 큰 동네와 갈라놓아서, 이젠 딴 동네가 돼 버려 왕래가 뜸해지니 안타깝지만 어쩔 수 없는 일이다.

살다 보면 힘든 일을 만날 때도 있는데, 고달픈 삶에 지치면 언제나 푸근한 안식처가 되고, 나를 믿어주는 고향을 떠올리곤 한다.

"과거는 언제나 행복이요, 고향은 어디나 낙원이다."라는 피천득 선생의 수필집에 실린 문구가 떠오르면 고개가 저절로 끄떡여진다. 정든 고향의 옛 모습이 깡그리 변하더니, 철부지 적 같이 놀던 동무들은 소식이 없다. 기억 속의 모습은 그대로인데, 달라진 환경이 낯설기만하다.

어린 시절 철모르고 뛰놀던 나를 기른 귤현 마을은 엄마의 품이다. 뒷동산에 올라 파란 하늘 저 멀리 구름 속으로 사라지는 비행기를 바라보며, 어른 되기를 학수고대하던 그 시절이 그리움으로 피어 오른다.

눈 오는 날

　오랜만에 눈이 소담스럽게 쌓였다. 지난달 중순께 첫눈이 왔다는 뉴스를 봤지만, 눈 구경도 못 했는데 간밤엔 모처럼 눈다운 눈이 내렸다. 저녁 6시쯤에 별안간 여름 소나기 오듯 함박눈이 펑펑 내렸다. 잠깐 사이에 세상이 하얗게 덮여서 어두워지던 밤이 환해 보였다.
　눈이 오면 하얀 떡가루가 수북이 쌓이는 것 같아 보기만 해도 배가 부르다는 할머니 말씀이 궁금했는데, 궁핍했던 시절에 대상행동(代償行動)으로 위안을 얻었으리라. 철부지 적엔 눈을 맞으며 눈사람도 만들고, 또래끼리 뛰어놀다 보면 추운 줄도 모르고 배고픈 것도 잊을 만큼 즐거운 날이었다.
　예전과 달리 눈 오는 날이면 학교 가는 학생이나 일터로 출근하는 직장인이나 모두가 힘겨운 날이다. 자가용은 물론 버스나 전철 등 대중교통도 시간을 지키지 못해 출퇴근 시간이면 교통체증이 이만저만이 아니다. 그 옛날 눈 오는 날의 낭만은 다 어디 가고, 생활 양상이 변해 버린 요즘에는 출근한 가족이 무사히 귀가할 때까지 안심할 수 없는 걱정스러운 날이 되었다.

눈이 오면 날씨가 포근해지는 틈을 타 거지가 빨래한다는 말도 있는데, 오늘은 어찌 된 일인지 올겨울 중에 제일 춥다고 한다. 영하 16도의 추위에 단단히 대비하고 나가 보니, 아파트 빌딩풍의 영향인지 체감 온도가 더욱 매섭다. 내일도 영하 18도에 체감 온도가 24도가 될 것이란 뉴스가 나왔으니, 가히 살인적인 추위라고 해도 지나치지 않으리라.

조심조심 근처에 있는 소공원에 가보니, 온통 하얀 세상이다. 몇몇 발자국이 찍혔을 뿐, 눈 덮인 공원은 고즈넉하다. 앙상한 가지에도 흰 눈이 위태롭게 얹혀 있다. 소나무에 덮인 눈은 탐스럽고도 푸짐해서 내가 좋아하는 설경이다. 눈이 얼마나 쌓였나 하고 장갑 낀 손가락을 바닥에 찔러 보니, 거의 다 묻힐 정도로 많이 왔다. 여러 해 만에 푸짐한 설경이다.

지난날, 초등학교에 다닐 때 일이 아련히 떠오른다. 눈이 오면 대나무로 된 20cm 자를 가지고 얼마나 왔는지 재보곤 했다. 몇 학년 때인지 정확한 기억은 안 나지만, 눈이 온 다음 날, 선생님이 일기 검사를 하시다가 눈이 얼마나 왔더냐고 하시니, 7cm부터 18cm까지 대답이 다양했다. 이상히 여겨 어디서 쟀는지 물으니 장독대, 마당, 짚가리, 얼음판, 보리밭 등 각기 다른 곳이다. 그러니 차이 나는 건 당연하다고 하셨다. 선생님은 18cm로 대답한 학생에게 다시 물었다. 이것이라도 일등을 해 보려고 보리밭 깊은 골에서 쟀다고 답해서 교실이 한바탕 웃음바다가 됐었다.

눈 오는 날 아침에는 옆집 가는 길도 쓸고, 낮이면 혼자 계시는 아주머니댁 마당과 뒤쪽 고샅길도 쓸었다. "애썼구나!" 하는 엄마의 칭찬을 들으면, 날아갈 것 같은 기분이 된다.

어머니는 밤이면 등잔불 밑에서 옷과 양말을 꿰매셨다. 나와 형이 공부하고 있으면 구운 고구마를 간식으로 주셨다. 형과 나는 졸음도 안 오고 공부가 더 잘되는 것 같았다. 어떤 날은 배추 꼬리를 깎아다 주셨다. 새득새득한 게 달짝지근하고도 고소하다. 그 배추 꼬리는 요즘같이 통이 큰 결구배추가 아니고 조선배추다. 포기는 작지만, 뿌리가 굵은 품종이었는데, 요즘은 재배를 안 하는지 눈에 띄지 않는다.

멀리서 부엉이 우는 소리가 희미하게 들려오면 "아직 안 자니? 늦었으니 등잔불 끄고 그만 자거라."하는 엄마의 목소리가 들리고 나면, 우린 금방 꿈나라 여행에 빠져든다.

눈은 산과 들, 나무 위나 마른풀, 초가지붕이나 기와지붕에도 골고루 하얗게 차별 없이 덮인다. 언젠가 꿈속에서 본 천국처럼 눈이 부시다. 하늘이 내리는 뜻이 이렇게 공평한데, 우리 살림살이는 왜 그렇지 못할까.

흰 눈 덮인 고향마을의 설경은 엄마 품같이 아늑하고 평화롭다. 뒷동산에 큰 소나무에 하얗게 눈 덮인 모습은 보기 드문 절경이다. 지금처럼 핸드폰이 있었다면 사진을 찍어두었을 텐데 하는 생각이 든다. 동화 나라같이 아름다운 풍경이 지금도 어렴풋이 떠오른다. 보기 좋은 설경을 감상하다가도 이런 날 자동차를 운행하는 이들은 얼마나 힘들까 하는 생각이 겹쳐지기도 한다.

오래전 군 생활 중에 전방 고지에 근무한 일이 있었다. 눈이 오면 며칠씩 제설 작업에 지친다. 자동차 운행도 할 수 없어서 보급품을 5km쯤 되는 먼 곳에서 메고 올라가야 한다. 지금껏 살아가면서 눈 오는 날이 그때처럼 싫었던 기억은 없다. 그래도 눈이 내리면 온 세상이 깨끗하게 씻겨지는 것만 같아서 좋다.

벌초

무덥던 여름도 초가을 바람에 쫓겨 서서히 뒷걸음치는 때가 왔다. 백로 절기가 가까우니 이때부터 벌초하기에 알맞은 시기다.

옛 선조들은 충효 사상을 삶의 근본으로 삼으며 조상들의 산소를 경건한 마음으로 살폈다. 이것은 우리의 전통적인 미풍양속이다. 이맘때면 조상의 묘를 둔 이들은 벌초할 준비를 서두른다. 우리 형제들은 해마다 어머니 추모일에 맞춰 벌초를 한다. 어쩌다 추석이 지나도록 벌초 안 한 산소를 보면 집안 어르신들은 그 자손을 나무라며 안타까운 마음에 혀를 찬다.

사방 지천에 퍼진 잡초는 여름 한철에 무서운 기세로 뻗어 나간다. 특히 산밑 밭머리에는 더욱 심하다. 우리 동산 자락의 밭도 그대로 묵혀 둔 지 여러 해가 되었다. 언저리 길을 잡초가 점령하여 사람이 다닐 수가 없었다. 뻗어 나온 나무와 잡초들을 낫과 예초기를 앞세워 길을 뚫으며 갈 정도였다. 지난 4월 한식 무렵에 다녀갔으니, 5개월 사이에 이렇게 퍼진 잡초들의 생명력에 놀라움을 금할 수 없다. 칡넝쿨은 10m 정도 멀리까지 뻗어서 제 땅임을 선언하는 듯 도도한 위세가 볼 만하다.

  과거에는 종친들이 모여서 공동 작업으로 벌초를 했었다. 워낙 산소가 많고 흩어져 있어서 부지런히 해도 오후 곁두리(힘든 일하는 이들이 저녁 식사 보다 이른 시간에 먹는 새참) 때가 지나야 겨우 끝이 났다. 그러던 것이 지금은 가정별로 하는 방식으로 바뀌었다. 10여 가정에서 20여 명이 모이다 보면 나름의 사정으로 불참하기도 하고, 또는 작업 중에 급한 연락을 받고 가기도 한다. 당시에는 서로 이해하고 배려를 아끼지 않았었다. 세월이 흐르고 젊은이들이 주축이 된 이후에는 불평이 끊이지 않았다. 의논 끝에 개별적으로 하는 것이 합리적이란 결론이 나온 것이다. 무슨 일이나 장단점이 있듯이, 종친 간의 단합된 모습이 주변에서 부러움을 사기도 했지만, 바쁘게 사는 현대인들은 정해진 날을 지키기가 어려움을 토로하기도 했다.

  이제는 개인 사정에 따라 각자 벌초를 하고, 여의치 않으면 대행업체에 맡기기도 하니, 일손이 부족한 가정에서는 대찬성이다. 다만 집안 어르신들은 자랑스러운 전통이 깨졌다고 아쉬워했다. 모두가 바쁜 세상을 살아가는 요즘은 벌초 대행업이 각광을 받으며 성업 중이라는 게 충분한 이유가 된다.

  어머니의 추모일은 음력 칠월 스무 이틀이다. 좀 이른 감이 있지만 이날 모두 만나서 벌초를 한다. 우리는 4형제가 힘을 모아서 부모님 묘소 자리에 가족묘를 만들었다. 주변에 흩어져 있던 직계 묘소 7기를 모두 정리하여 부모님만을 묘실에 모시고 윗대 고분들은 화장 처리를 했다. 단출하고 깔끔한 가족묘에는 우리 형제들은 물론이고 조카들의 자리까지 마련해 놓았다.

  무성하게 웃자란 풀을 젊은 조카들이 예초기로 깎아내면 우리는 뒷정리하기에 바빴다. 나는 가장자리에 심어놓은 주목 나무를 예쁘게 다듬는 일을 맡았다. 20여 그루를 다 하고 나니, 손아귀가 아파서 다음 날까지 젓가락질하기가 좀 불편했다. 벌초가 끝난 모습은 이발소에서 금방 나온 것처럼 산뜻하고 보기 좋아서 함께 사진도 찍었다.

평소 같으면 저녁 5시에 추도 예배를 드리지만, 이번엔 코로나-19의 감염 예방을 위하여 생략하기로 했다. 그래도 부모님 생전의 기억들로 이야기꽃을 피웠다.

어렸을 적 아버지가 예수 믿기 전에는 유림사상에 심취하셔서 향교에 다니시며 예법에 철저하셨다. 집안 내에 기제삿날이 되면 지필묵(紙筆墨)을 꺼내다가 축문과 지방 등 모든 과정을 준비하시느라 분주하셨다. 제사에 참여할 우리들은 그 시간을 기다리는 겨울밤이 너무도 길었다. 밤 12시가 되도록 참자니 졸음이 오고 지루했다. 당숙 벌 되는 아저씨도 조금 미리 하자고 해도 제례법은 지켜야 한다며 12시 땡 할 때를 고집하시던 아버지였다. 그토록 완고하시더니, 노년에는 기독교인이 되어 착실한 신앙생활을 하셨다. 만일 우리가 어둡기도 전 저녁에 추도 예배를 드리는 것을 보신다면 무슨 말씀을 하실까?

가을 문턱에 다가서는 요즘 바쁘게 살다 보면 부모 형제 생각을 잊고지낼 때가 많다. 그런 우리가 어머니 추모일에 벌초까지 하니, 자연스레 만나게 되어 좋다. 이날은 동기들이 모여 동심으로 돌아가 생전의 부모님을 생각하며 돈독한 우애를 나눈다. 이렇게 되고 보니 자연스럽게 해마다 어머니 추도 예배 날이 손꼽아 기다려지게 되었다.

비 오는 날의 초상

올해는 장마가 끝난 듯 아닌 듯 소강상태이더니, 다시 계속되어 지루한 나날의 연속이다. 며칠 전부터는 남부와 충청 지역에 많은 비가 내려 도로가 침수되고 주택이 물에 잠겨서 젖은 가재도구를 옮기느라 정신이 없는 장면을 어제 아침 뉴스로 봤다. 오늘 뉴스에는 며칠 사이에 수도권에도 국지성 호우의 영향으로 한강 상류에 빗물이 많아짐에 따라 팔당댐 수문을 개방·방류하기에 이르렀다. 그 여파로 한강 수위가 높아져서 잠수교가 물에 잠겨 통행이 금지됐다.

이쯤에서 그치면 좋으련만 수도권 여러 곳에 산사태로 주택이 매몰되고, 도로가 끊어지고, 댐 둑이 무너지는 등 피해가 속출하는 속보에 눈을 뗄 수 없는 지경이다.

비는 알맞게 내리면 모든 생물을 살리는 생명수임에 틀림이 없지만, 너무 많거나 적으면 고통이 된다.

비 내리는 밖을 내다보니 문득 어머니 생각이 난다. 내가 어렸을 적부터 어머니는 비 오는 날도 집 안에서 편하게 쉬는 모습을 본 기억이 별로 없다. 어지간한 비는 맞으며 하던 일을 계속하셨다. 비 맞지 말고 그만 들어오시라고 하면, 이 정도는 괜찮다며 하던 일을 멈추지 않으셨다.

비가 시작되면 빨래 걷고, 마당에 멍석 설거지하고, 닭장과 돼지우리 건사하고 나면, 오이 호박 따는 일을 쏟아지는 비를 맞으며 하셨다. 농촌에는 할 일이 끝없이 이어진다. 식구가 많고 텃밭도 적지 않아 밭일과 집안일로 헤어날 날이 없이 이어졌다.

6·25 전쟁 이후에 먹고사는 문제는 집집마다 겪는 어려움이었다. 우리 집도 논밭이 적잖이 많았지만, 대식구의 식량은 언제나 부족했다. 봄이면 춘곤기를 그냥 넘기지 못하고 장리쌀을 실어와야 했다. 장리쌀은 봄에 빌려다 먹고 그해 가을 농사지은 것을 1.5배로 갚는 제도다. 아버지가 장리쌀 거론을 하시면, 어머니는 무서운 이자 때문에 빌어온다는 아버지와 좀 더 버텨보자며, 의논하시던 목소리를 생생하게 기억한다.

언제나 베적삼에 몸뻬 차림의 어머니는 자나 깨나 자식 걱정뿐이셨다. 자식들 배곯지 않고 힘 닿는 만큼 가르치려는 생각을 놓지 않으셨다.

여섯 남매에 연로하신 시할머님과 시부모님 고모들까지 열세 식구의 끼니를 준비하는 것만으로도 벅찬 일이었다. 당시에는 며느리가 할 일이 너무도 많았다. 어린 맘에도 어머니가 너무 고생하신다는 생각은 했지만, 내가 도와 드릴 일은 없을까 하는 생각은 할 줄 모르는 철부지였다. 한번은,

"우리가 커서 돈 벌면 엄마 뭐 해 드릴까요?"

하고 여쭤 봤다. 그러니,

"너희들이 자라서 가정을 이루고 잘 사는 것만 보면 그만이다."

하셨다. 그래도 조르듯 몇 번 더 물었더니,

비 오는 날의 초상 187

"말 굴레 같은 금가락지에 양털배자가 좋더니 이젠 다 싫어지더라. 그보다 더 좋은 너희들이 있잖니."

하셨다. 중학교 다닐 때만 해도 부잣집 지긋하신 아주머니들이 누런 금가락지에 양털배자 입은 것을 가끔 본 적이 있다. 우리 외할머니도 그런 차림을 몇 번 뵌 것 같다. 평생을 자식 생각에 편히 쉬지 못하고 노심초사하신 어머니를 잘 모시지 못한 불효를 어떻게 용서를 빌어야 할까. 하늘을 보며 어머니를 떠올리면 금방 회한의 눈물이 고인다. 고향 집 마당 끝에 은행나뭇잎이 노랗게 물들어 낙엽이 되면 노란 양탄자가 된다. 거기 혼자 앉아 자식 걱정에 시간을 보내신 어머니 모습이 아련하다.

아파트 생활이 답답하시다며 말년에 혼자 계신 적이 있다. "난 잘 지내니 바쁜데 올 것 없이 전화나 가끔 하거라." 하셨지만, 심연에 묻어둔 기다림을 모르지 않기에 불쑥 뵈러 가기도 했다. 그때마다 반겨 주시는 모습에 많이 기다리셨음을 가늠합니다. 배고프던 세월을 겪으셔서인지 내가 가면 밥 먹고 왔다 해도 뭐든지 먹을 걸 준비해 주심은 어머니만의 자식 사랑법이셨으리라.

비를 맞으면서도 동분서주하며 일손을 놓지 않으셨던 어머니. 지금도 비 오는 날이면 불현듯 어머니 생각에 가슴이 미어진다.

가을 태풍

　해마다 초가을 녘이면 우리를 긴장시키는 게 있다. 어쩌다 건너뛰면 풍년이 들지만, 대부분은 매년 거르지 않고 여름에서 가을 사이에 찾아오는 불청객이 태풍이다.
　우리가 사는 지구는 자전과 공전을 동시에 하므로 태양의 에너지를 똑같이 받아들일 수 없어 낮과 밤, 그리고 봄, 여름, 가을, 겨울의 계절을 번갈아 맞게 되니 어쩌면 다행인지도 모른다. 계절마다 특징을 잘 활용하면, 1년 내내 기온이 똑같은 나라들의 환경보다 많은 장점이 있어서 좋다.
　가을은 여름내 지친 심신을 한숨 돌릴 수 있는 시기인 셈이다. 뙤약볕에서 땀 흘리고 수고하던 농부가 누렇게 물들어가는 황금벌판을 보는 것만으로도 위안과 보람을 느끼는 때가 바로 지금부터다. 그런데 생각지도 않은 태풍이 휩쓸다니 믿을 수가 없다. 애지중지 자식처럼 가꾼 농작물이 태풍으로 인하여 물에 잠기고, 익어가던 과일이 떨어지며, 토사에 논밭이 파묻히고, 떠내려가는 걸 본 농민의 쓰라림은 무엇에도 비할 수 없이 가슴 아픈 일이다.

어렸을 적 논에 벼가 이삭이 팰 무렵 수해로 쓰러진 벼 포기를 일으켜 세우는 아버지를 본 기억이 난다. 논에 물이 빠지자마자 일으켜 세워도 절반의 수확도 어렵다며 몹시 안타까워하셨다.

이번 태풍으로 벼 이삭이 누렇게 여물기 시작할 무렵인데 이런 피해를 입고 말았으니 얼마나 상심이 될까. 망연자실 하늘만 쳐다보는 농심을 위로의 말이라도 하자.

소용없는 줄 알면서도 야속한 하늘을 원망해 본다.

태풍은 대체 어디서 와서 우리를 괴롭게 할까. 자연의 흐름의 한 과정이리라. 그런데 지구의 온난화로 인해 기온이 상승하면 빙하가 녹아내리는 등 많은 변화가 생겨 멸종하는 생물도 많아질 것이라고 한다. 기온이 1도만 상승해도 해수면이 상상 이상으로 높아져서 지구상에 살고 있는 80억쯤 되는 인구 중에 2억 명에 가까운 사람이 집을 잃는다는 연구 발표도 있었다.

태풍은 발생 지역에 따라 명칭이 다르다. 북중미 쪽은 북태평양 카리브해에서 발생하는 '허리케인', 인도양에서 발생하는 '싸이 클론', 호주 연안에서 발생하는 '윌리윌리'이다. 그리고 동아시아에서 발생되는 '태풍'이 우리에게 피해를 주고 있다.

막대한 피해를 주고 가는 태풍이 알고 보면 도움이 되기도 한다. 무더위를 식혀주기도 하고, 가뭄을 해소하는 효자 노릇도 한다. 또한, 바닷물의 온도 차를 섞어주어 바닷물 속 생태계를 활성화해 주며 지구상의 남과 북의 기온 균형을 유지하는 데 도움을 준다고 한다.

인간의 능력은 한계가 있으니 태풍을 막을 수야 없지만, 지혜를 모아 대비를 잘하면 지금보다 피해를 줄일 수 있지 않을까. 지구 온난화를 막지 못하면 태풍도 점점 강해진다는 연구 결과이다. 당장 탄소배출을 줄이는 노력이 절실한 때를 맞았다. 탄소배출은 공장이나 산업 현장만이 아니라, 자동차나 가정의 전기, 가스 사용에도 적지 않은 탄소배출이 된다고 한다. 특히 쓰레기 처리 등 우리가 무심코 버리는 것들이 문제가 된다니 재활용품 분리수거를 철저히 실행해야겠다.

모처럼 아내와 시장에 나가보니 채소나 과일값이 많이 올랐다. 수확기가 거의 다 되어 출하를 기다리던 수박이 깨지고, 사과와 배가 떨어져 땅에 뒹굴고 있는 처참한 모습에, 주저앉아 울부짖는 농민의 얼굴이 떠오른다. 태풍이 지나가고 이렇게 비싸게라도 필요한 걸 살 수 있다는 게 다행이라 여기면서 감사한 마음으로 돌아왔다.

태풍은 7. 8월보다 9월에 오는 것이 강력하여 피해가 크다. 알고 보니 9월에 해수면 온도가 가장 높기 때문이라고 한다. 온난화가 진행되지 않도록 환경 보호에 온 힘을 기울일 때다. 태풍피해를 낮추기 위해서라도 환경오염을 예방하는 일에 작은 보탬이라도 돼야겠다.

아버지의 추모일

해마다 이맘때면 잊고 있던 아버지 생각이 난다. 넉넉지 않은 살림에 고달프던 세상을 등지고 홀연히 우리 곁을 떠나신 날이 이즈음이기 때문이다.

아버지가 세상을 떠나신 지 벌써 30년이 훌쩍 넘었다. 그날은 음력 이월 초나흘이었다. KBS에 근무 중인 형님과 우정사업부에 근무 중인 넷째 아우에 의한 조문객들의 많은 자동차를 주차하기 위해 허가를 받아 도로 갓길을 이용했었다.

우리들은 음력으로 추모제를 지낸다. 작년엔 양력 2월 27일이었지만, 올해는 3월 16일이다. 이렇게 2월과 3월을 오가며 이날을 맞이하게 된다.

아버지의 성품은 할머니를 닮으셔서인지 온순한 편이시다. 우리에게 야단치는 일이 거의 없었다. 키가 훤칠하고 편한 인상에다 언변까지 좋으셔서 혼인할 무렵 어머니의 친정에서 사윗감의 점수가 꽤 높았다는 후문을 이모님들로부터 자주 들었다.

아버지는 어릴 때부터 총명하셨나 보다. 국권을 빼앗겼던 일제 강점기, 보통학교에 다닐 적에도 공부를 잘해서 사발시계를 상으로 받아온 적이 있다는 것을 어른들께서 자랑으로 삼으셨다. 지금은 탁상시계로 불리는 그것이 고장 나서 시계점을 하는 이모님 댁으로 고치러 보냈다는 건 초등학교 때도 들었지만, 이미 수십 년이 지난 일이라 실물을 볼 수는 없었다.

젊어서 향교에서 한학을 배우신 아버지는, 유림 사상에 심취하여 공자님 제사 등 크고 작은 의식에 참여하여 대례 등 많은 예법을 익히셨다. 그런 연유로 우리 집안은 물론이고, 100호가 넘는 큰 동네에서도 애경사마다 제일 먼저 아버지를 모셔가곤 했다.

일찍이 익혀 두신 육십갑자를 활용하여 혼인을 앞둔 이들의 궁합을 봐 주시는 일이 가끔 있었다. 그뿐 아니라, 이삿날이나 장 담그는 날까지 잡아 주시는 일이 종종 있었다. 육십갑자를 자세히 해석할 수 있는 이가 드물어 그에 능숙한 아버지는 동네에서 유식하다는 소문이 파다했다. 손가락으로 꼽아 몇 달 뒤의 날씨나 길일(吉日)을 알아낼 수 있으니, 집안의 큰일을 앞둔 이들이 계획 세우는데 많은 도움을 주어 칭송이 자자했다. 가끔은 중앙관상대의 일기예보는 틀려도 아버지의 다섯 손가락으로 꼽은 날씨는 맞는다는 말을 듣기도 했다.

아버지는 농사에 관한 한, 퍽 박식하다는 평을 받으셨다. 논밭 농사는 기본이고 과일나무 가꾸기나 가축 기르기도 남들보다 잘 아셨기에 동네 사람들이 농업 석사란 말을 했다. 이 모든 것이 젊어서 수원 농사 기술 지도원의 교육을 오랫동안 받았기 때문이었을 것이다. 그곳은 지금 수원에 있는 서울대학교 농과대학의 전신이다.

반평생을 향교에 적을 두고 각종 행사에 참여하시던 아버지는 우리가 어렸을 때 고모님을 따라 교회 다니는 걸 못마땅하게 여기셨다. 그랬던 아버지가 60대 중반에 예수 믿기를 자청, 당신의 여동생들을 집으로 불러 그 자리에서 결단하여 기독교인이 되셨다.

  셋째와 넷째 고모님은 수십 년간 교회를 다녀 신앙심이 깊으셨다. 고모님의 인도로 늦은 연세에 신앙인이 되신 아버지는 부지런히 성경을 읽어 해마다 다독상을 받으시며, 지인 전도에 힘쓰는 모범적인 성도의 길을 걸으셨다.

  말년에 연로하여 기력이 쇠하니 생의 마감을 예감하셨는지, 성경 열왕기 하 20장에 나오는 "히스기아 왕처럼 기도했다."라는 말씀을 우리에게 하셨다. 히스기아 왕은 병들어 죽게 되자, 하나님께 목숨을 연장해 달라고 간절히 기도하여 15년을 연장받았다. 아버지도 5년만 연장해 달라고 간절히 기도했지만, 응답을 못 받았다고 하셨다. 삶에 대한 애착은 누구나 매한가지다. 아버지도 인명은 하늘에 달렸음을 받아들여 생의 연장이 불가능함을 느끼셨다. 그러던 어느 날 여행의 끝자락을 느끼신 듯 자식들에게 연락하라고 어머니에게 말씀하셨다고 한다. 전화를 받은 즉시 달려갔지만, 안타깝게도 나는 마지막 운명(殞命)을 지켜드리지 못해서 추모일이 되면 늘 죄송한 마음이다.

  아버지가 섬기시던 육십대 후반의 교회 목사님도 찬송가를 들으며 소천하는 장면을 목격한 것은 자신도 두어 번뿐이라며 아버지는 귀한 축복받으셨다고 하셨다.

  평소에 찬송가는 음정대로 못 부르셔도 듣기는 유달리 좋아하셨다. 여동생들이 부르는 찬송을 들으며, 평화로운 모습으로 영면하신 아버지가 더없이 행복해 보였다는 아버지의 마지막 자리를 지킨 이들의 말을 듣고 다소나마 위안을 얻었다.

엄마의 공책

　내가 어렸을 적이다. 엄마에겐 뭔가 써 두는 작은 공책이 있었다. 항상 주머니에 넣고 다녀서 볼품없이 구겨진 걸 이따금 꺼내 보셨다. 무엇을 적어두었는지 궁금했지만, 그 공책은 늘 주머니 깊숙이 보관하고 계셨다.
　편찮으신 어머니를 뵈러 갔다. 손주들이 와서 북적대며 노는 모습을 바라보시며 흐뭇해 하셨다. 자리에 누우신 채로 애들 먹을 것 챙겨주라 이르시기에, 불편하신 데 없냐고 여쭈면 괜찮다고 하셨다. 그런데… 잠시 후, 주무시는 모습으로 조용히 돌아올 수 없는 길을 떠나셨다. 그날도 평상시처럼 흐뭇한 얼굴이셔서 설마 했었다.
　평생을 일에 파묻혀 사셨으니, 일복을 타고났다는 말을 보는 사람마다 했다. 대식구에 쉴 틈 없이 일에 묻혀 살았으니, 오죽하면 건넌마을 집안 어른도 "앞 댁 에미는 층층시하에 열세 식구 건사하려면 고뿔들 새도 없겠구나!" 하는 말씀을 다 하셨을까.
　어머니는 학교에는 다니지 못하셨다. 그 당시 아녀자들은 글을 배우면 못쓴다는 그릇된 생각들로 대부분 배울 기회를 얻지 못했다. 내가 초등학교 저학년 때 '문맹 퇴치 운동'이 온 동네에서 시작되었다. 마을마다 저녁이면 글을 모르는 부인들을 모아놓고 가르쳤다. 우리 마릿골 마을에도 열 명 가까운 아주머니들이 모였는데, 마침 아버지가 글방 선생님이었다. 어머니도 예외일 수는 없었다. 남편이 가르치는 곳이라 가기 싫었겠지만, 저녁마다 어머니도 글을 배우러 다니셨다.

남부럽지 않던 우리 집에 걱정거리가 엄습했다. '부처님 가운데 토막'이란 별호를 듣던 아버지의 선한 심성에 빚보증을 거절하지 못했다더니, 어찌 된 일인지 이듬해부터 논이 한 배미씩 계속 줄어들더니, 가세가 급격히 기울었다. 급기야 끼니를 걱정할 정도로 사정이 나빠졌다. 어머니는 보고만 있을 수 없다며 여기저기 무슨 일이든 찾아다니셨다. 고령의 시할머님과 시부모님 시누이들 그리고 여섯 남매, 이 많은 식구의 입에 풀칠하려면 잠시도 앉아있을 틈이 없었다.

어머니는 닥치는 대로 물건을 받아다 파는 일을 하셨다. 큰 고무 대야에 빵이나 건어물 등을 머리에 이고 집을 나가셨다. 나중엔 쌀장사를 하시느라 무거운 짐에 짓눌려서 관절과 온몸이 성한 데가 없어 힘든 노년을 보내셨다.

예전엔 외상 거래가 많았다. 월급날 준다고 하면 잊지 않도록 장부에 기록해 두어야 한다. 그런데 엄마는 한글은 알지만, 아라비아 숫자는 미처 못 배우셨다. 우리가 가르쳐 드린다고 저녁이면 숫자 공부를 해 봤지만, 온종일 지친 몸을 가누지 못해 꾸벅꾸벅 졸고 계셨다.

어느 날, 서툰 아라비아 숫자로 외상값 6,000환을 3,000환으로 잘못 적어둔 것을 그대로 받았다. 나중에 알았지만 차마 말하지 못했는데, 며칠 만에 지나던 길에서 그 사람을 만났다. 그녀는 뒤늦게 알고서 만나면 줄 생각에 넣고 다녔다며 꺼내주더란다. 얼마나 고마운지 코가 땅에 닿도록 인사를 반복했단다. 돈보다 마음 씀씀이가 더 곱다고 하셨다. 그 후 여름 내내 풋고추, 가지, 애호박 등을 수없이 가져다주며 이사 갈 때까지 가깝게 지냈다고 한다. 알고 보면 세상엔 착한 사람이 많다며, 내가 착하게 살면 만나는 이도 착한 사람뿐이라고 하시면서 구겨진 공책을 꺼내 보여주셨다.

  명기네 O월 O일 쌀 한 말 삼천 환
  우람네 O월 O일 쌀 두 말 육천 환
  선미네 O월 O일 찹쌀 한 말 삼천오백 환
  엄마의 공책에는 외상값뿐 아니라 여섯 남매의 신발 문수와 납부금 내는 날짜, 그리고 동생이 소풍 가는 날도 적혀 있었다.

  며칠 후면 어머니가 하늘나라로 떠나신 날이다. 처음에는 어머니가 아니 계신 세상 어찌 살아갈까 걱정했지만, 어느새 30년 가까운 세월이 흘렀다.
  가난한 살림에도 정직하게 살아야 함을 일깨워 주시려고, 착오로 더 받은 돈을 다음날 돌려준 이야기를 우리에게 들려주셨다. 자식을 끔찍이도 사랑하셨는데, 돌아보니 정성으로 도리를 다하지 못한 회한이 밀려 온다.
  추모일이 다가오니, 평생 자식을 위해 동분서주하시던 생전 모습과 엄마의 구겨진 공책이 보물 상자를 열고 고개를 내민다. 요즘은 무얼 적으며 지내실는지.

천국으로 띄우는 편지

계절이 바뀌고 해가 바뀌기가 거듭되더니 세월이 적잖이 흘렀습니다. 어머니가 홀연히 우리 곁을 떠나신 지도 벌써 21년이 되었습니다. 그곳에서는 근심 걱정도 고통도 없으리라 믿으니 마음이 편합니다.

무덥던 늦여름 날, 마당이 내다보이는 마루에 누우셔서 오가는 자식들과 손주들을 물끄러미 바라보시던 어머니. "방으로 가시죠." 하니, "아니다." 짧고 조용한 대답이셨습니다.

"너희들 말소리는 듣고 있지만 피곤해서 좀 쉬어야겠다."

눈을 감은 채 천천히 또박또박하신 말씀입니다. 밝고 편한 표정이라 염려하지 않았지요. 그런데….

어머니는 평화롭게 주무시는 모습으로 영면하셨습니다. 마침 여름방학 끝자락이라 벌초한다고 자손들이 와서 시끌벅적하는 것을 좋아하셨지요.

여섯 남매를 지극 정성으로 키우셨건만, 노년에 마릿골 집에서 혼자 계신 날이 많아 늘 마음이 쓰였어도 어머니를 보살펴 드리지 못한 것이 내내 후회가 됩니다. 너나없이 제 생활에 바쁘다 보니, 며칠에 한 번씩 번갈아서 찾아뵙는 게 고작이었지요. 때로는 궁금하여 하루에도 두세 번 전화하면, "아까도 통화했잖니? 하루도 안 거르고 전화하는 네가 제일이다." 하시며 전화를 기다리신 속마음을 보이셨죠. 나중에 동생 말을 들으니, 동생에게도 "네가 제일이다." 하셨다지요. 자식들에게 고루 덕담을 나누어 주신 어머니입니다.

어머니, 제가 중학교 일학년 때 길에서 어머니를 만난 적이 있었지요. 쌀자루를 머리에 이고 가시던 어머니는 반 친구들과 함께 가고 있는 아들이 창피해할까 봐 못 본 척 지나쳤지요. 그리고 몇 걸음 더 가서는 돌아서서 아들이 저만치 갈 때까지 무거운 짐을 머리에 인채 그 자리에 서서 바라보셨지요. 못난 아들은 몇 번 뒤돌아보고는 그냥 친구들과 지나갔습니다. 그 기억은 철든 후에도 오랫동안 잔상(殘像)처럼 사라지지 않았습니다.

쌀자루를 머리에 이고 1km나 되는 먼 거리까지 다니셨으니, 얼마나 힘드셨어요. 쌀 한 가마니가 84킬로나 되는데, 그 무게를 두어 번에 이고 다니셨다니 몸이 성할 리가 없었겠지요. 목에서부터 손가락까지 뒤틀리고 쑤시는 관절염에 시달리면서도 열세 식구 입에 풀칠하려면 쉴 새가 있겠냐며 가녀린 몸으로 매일 나가셨습니다. 그렇게 힘들게 배달해 준 쌀값을 떼어먹고 야반도주하는 일도 더러 있었지만, 그 사람들을 욕하지도 원망하지도 않으셨지요. 오죽하면 그랬겠냐며 형편이 되면 줄 것으로 믿으시며, 다른 데 가서는 외상 쌀 먹지 않고 잘 살았으면 좋겠다는 덕담까지 하셨습니다.

한번은 몹시 더운 날씨에 고개 너머 산밑에 있는 구창미 콩밭을 매러 혼자 가신다기에 따라갔지요. 한참 일하다가 얼마나 뜨겁고 숨이 막히는지 엄마도 저도 어지럽고 몽롱해서 밭고랑에 누워 깜빡 잠들었나 봐요. 얼마 후 정신을 차리고 엄마를 깨워서 하던 일을 그냥 두고 돌아온 적이 있었지요. 그때는 전혀 몰랐지만, 일사병 같은 위험한 순간이었다는 것을 집에 와서 알았지만, 누구에게도 말하지 못했습니다. 엄마는 다른 식구들 걱정시킬 필요 없다며 말리셨지요.

만일 엄마 혼자 가셨으면 어쩔 뻔했는지 아찔한 생각이 스쳐 갔습니다. 그때 나는 중학교 일학년인데도 엄마를 도울 일이 무엇인지도 모르는 철부지였습니다. 이런 어리석은 아들을 그렇게도 사랑해 주신 어머니는 하늘이 보내주신 천사임이 틀림없다는 생각이 들었어요.

부모님께 효도는 못하더라도 불효는 하지 말자는 생각으로 살았지만, 알고 보니 걱정 끼쳐드리는 게 얼마나 큰 불효인지 깨달았습니다. 부모 곁을 떠나있을 때, 특히 군대 생활 중 교통사고로 다리 골절상을 당하여 6개월이 넘는 병원 생활을 할 때는 어머니의 눈물이 마를 날이 없었다는 걸 나중에 여동생을 통해서 들었습니다. 어린 나이에 부모 곁을 떠나 어려움을 겪은 일로 늘 가슴 아파하셨지만, 견딜 수 있었던 힘은 어머니 사랑이었습니다. 이제라도 어머니의 자식 사랑하는 숭고한 정신을 후손에게 남기고자 합니다.

내가 세상에 태어나서 제일 좋았던 일은 당신을 내 어머니로 만난 일입니다. 하늘이 한 번 더 기회를 주신다면 내가 받은 은혜를 몇 배로 돌려드리고 싶습니다. 세상을 살며 만난 많은 어머니 중에 나의 어머니는 누구보다 훌륭하셨습니다. 돌아오는 추모일에는 꿈속에서라도 만나 서예 작품으로 받은 상들을 자랑하고 칭찬도 받고 싶습니다. 그럼, 어머니를 만날 꿈을 위해 오늘은 이만 자리에 들겠습니다.

(mbc 라디오 〈여성시대〉 방송됨 2018. 9. 9.)

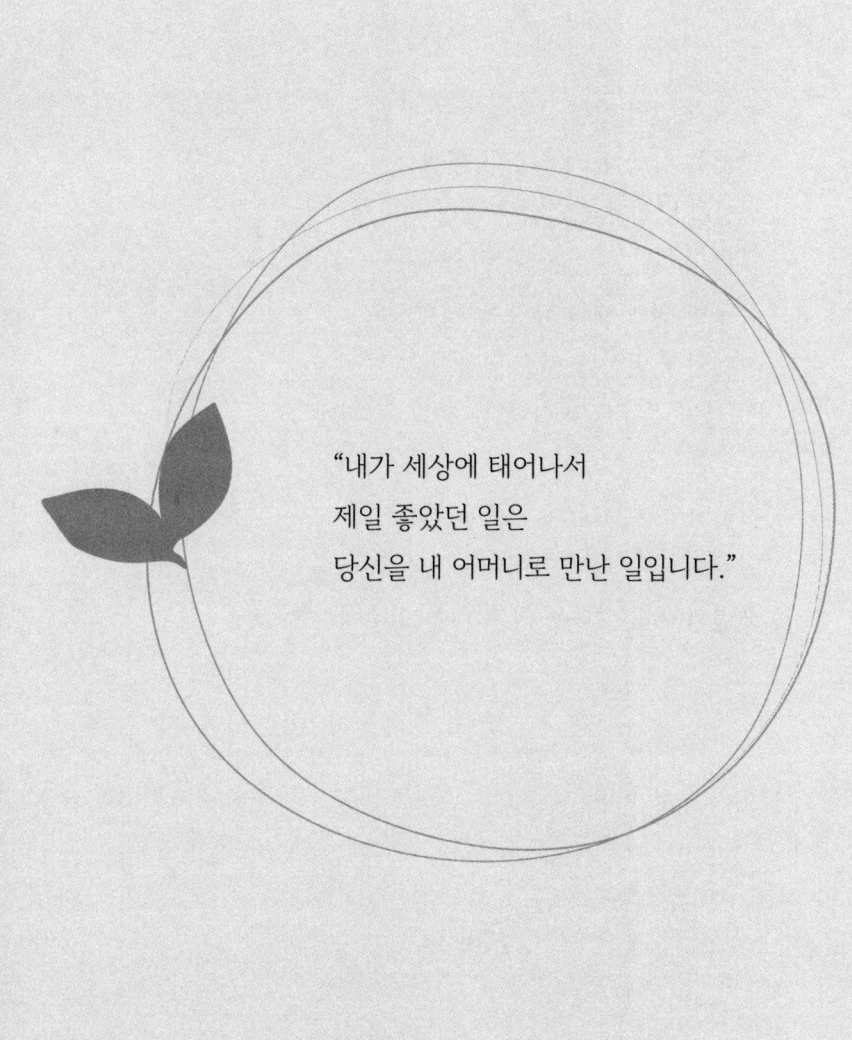

"내가 세상에 태어나서
제일 좋았던 일은
당신을 내 어머니로 만난 일입니다."

가갸(한글)날

문자가 없던 시절 고달픈 민초의 삶
난해한 타국 문자 익히다 세월 가네
빈천한 백성에게도 밝은 세상 펴고자

누구나 쉽게 배워 자기 뜻 펼치도록
창제된 훈민정음 세종 임금 민본 애민
이 글이 가는 곳마다 한류 문화 꽃 피네

시월의 초아흐레 가갸날 제정했네
한글이 바탕 되어 아이티(I.T) 선도하니
샛별이 새벽 밝히듯 온 누리를 비추네

6부
/
주는 이의 행복이
더 크다

금연 다짐

잠시도 멈추지 않고 변화하는 세상은 삶의 질 향상을 위해 쾌적한 환경을 요구하는 시대가 됐다. 내가 사는 곳은 여러 해 전부터 금연 아파트로 지정하여 실내에선 담배 연기 걱정이 없다. 그렇지 않은 아파트와의 차이는 엘리베이터를 타 보면 냄새로도 알 수 있다. 계단이나 엘리베이터 지하 주차장도 금연 구역이므로 흡연자들을 위하여 화단 옆에 흡연 장소가 따로 마련되었다. 흡연자들은 불편한 점도 있겠지만, 대중의 건강을 위해 어쩔 수 없는 일이다.

길을 걷다 보면 흡연자를 쉽게 만난다. 그럴 때는 마주칠 때쯤 숨을 참고 저만치 지난 뒤에 숨을 쉬기도 한다. 담배 연기를 내뿜는 순간 지나가면 얼마나 숨이 막히고 불쾌한지 모른다. 그런데, 그들은 전혀 관심이 없는지 미안한 기색 없이 지나가는 사람 앞에 독가스 같은 연기를 태연하게 뿜어낸다. 이런 경험이 나만이 아닐 것이다. 얄밉고 화날 때도 있지만 더불어 사는 세상이기에 그러려니 하며 지낸다. 나도 한때 담배를 피웠다. 군대 생활 중에 배워서 제대 후에도 10년쯤 피우다가 끊었지만, 지금은 담배 연가라면 질색이다. 흡연자들은 비흡연자들이 얼마나 싫어하는지 안다면, 지나치는 동안만은 신경 쓸 법도 한데, 그런 느낌은 받지 못했다. 그들도 알고 보면 불만은 많다. 흡연 장소의 제한으로 설 자리가 좁아졌으니 말이다. 그래도 담배 연기의 유독성을 알 터이니 최소한의 예의를 지켜주면 얼마나 좋을까?

언젠가 상가 건물 입구에서 10대 젊은이가 가방을 메고 혼자 서서 담배를 피우고 있었다. 한눈에도 학생으로 보였다. 다가가서

"자네, 학생이지?"

"네, 그런데 왜요?"

하고 의아한 표정으로 반문한다.

"학생이 담배를 피우면 되는가, 중학생 같은데…."

"고1인데요."

똑바로 보며 대답한다.

"그럼 내가 잘못 본 건 미안하군, 고등학생이라도 이런 데서 담배를 피우는 건 예의가 아니라고 생각하지 않나?"

점잖게 말했더니, 고개를 떨구고 말이 없다.

"난 학생을 나무라는 게 아니고, 사람마다 자기 위치에서 지켜야 할 도리가 있는 건데 이건 옳지 못한 일이야, 어찌 생각해?"

하니, 그제야 죄송하다며 꽁초를 비벼 끈다.

"내 조카가 고등학교 교사인데, 학생들의 흡연에 관한 이야기를 들어봤기에 걱정되어서 하는 말이니, 고깝게 듣지 말게나."

표정을 보니, 처음엔 야단치는 줄 알았다가 조용히 타이르니 긴장이 풀리는 것 같다. "알겠습니다." 하며 고개를 조아리는데, 얼굴이 핼쑥해 보여서 점심은 먹었는지 물으니 고개를 가로젓는다. 자장면 사 줄 테니 먹고 가라고 하니, 속이 안 좋아 일부러 안 먹었다며, 가방에 도시락이 있단다. 그래도 저녁까지는 멀었으니 먹고 가라고 2층

중화요리 식당으로 가려니까 "정말 식사는 안 할래요." 하며 확실한 의사를 밝힌다. 그리곤 "아저씨 감사합니다. 이제 가도 되죠?" 하는 표정이 아까보다 밝아 보인다. "그래, 남에게 눈총받는 일을 하면 안 된다." 하니, 꾸벅 인사를 하고 서둘러 간다. 저만치 가는 학생을 보며 생각해 본다. 요즘 무서운 세상이라 젊은이에게 훈계도 자제하는 게 현실이다. 나이 든 사람의 말을 반항 없이 받아들이니 다행이다. 섣불리 한마디했다가 봉변당하는 일을 본 적도 있기 때문이다.

흡연이 건강에 해롭다는 홍보 매체가 여기저기 눈에 띄고, 담뱃갑 그림에도 섬뜩한 사진이 붙어 있지만, 금연 효과는 그리 크지 않다고 한다. 그토록 거부할 수 없는 매력이 무엇이기에 한번 맛 들이면 끊어내지 못하는가? 무섭도록 강한 중독성은 알려진 사실이다. 게다가 습관성도 중독 못지않은 영향이 있기에 굳은 결심으로도 금연은 여간 어려운 게 아니다. 그래서일까, 새해만 되면 작심삼일이란 말을 많이 하는데, 그중에 으뜸이 금연일 게다. 그만큼 어렵다 보니 방법도 수없이 많다.

흡연 욕구를 참으려 하면 뭔가 잊은 것 같이 안절부절이다. 금연하려고 담배를 사지 않으니, 길을 가며 꽁초를 찾느라 땅만 보고 걷기도 한다. 남들이 어찌 보는지도 모르고. 이런 모습을 본 나는 담배를 구입하여 지니고 참는 방법으로 한 금연 작전이었다. 심리적 안정감을 유지하여 성공했다고 생각한다. 혹 여러 가지 방법으로도 성공을 못 했다면 속는 셈 치고 나와 같은 방법도 한번 시도해 보기를 권유해 본다.

최근 흡연을 시작하는 나이가 평균 12세라고 해서 놀랐다. 군대에 가서 배운 나로서는 처음엔 설마 했지만 사실이었다. 철없이 배운 흡연을 끊지 못해 애태우는 이가 적지 않다는 걸.

언젠가 친구가 농담처럼 한 말이 생각난다. 자신의 굳은 각오를 큼

직하게 적어 두고 수시로 읽으며 다짐하였건만 작심삼일이더란다. 금연하려다 번번이 실패하여 가족에게도 신뢰를 잃었다고 한다. 자신이 택한 일이라 누구를 탓할 수도 없다는 하소연이다.

  금연은 간단한 문제가 아니다. 잡힐 듯하면서 안 잡히는 게임처럼 성공한 듯하다가도 무너지는 게 금연이다. 이렇듯 금연을 다짐하는 사람은 많아도 성공하는 사람은 드물다는 것이다.

남자의 체면

　남자들이 소중히 여기는 체면이 생활에 걸림돌이 될 때가 종종 있다.
　한여름 뙤약볕은 피부에 화상을 입을 만큼 강렬하다. 별안간 쏟아지던 소나기가 그치고 나면 유난히 뜨거운 햇볕을 만나기도 한다. 길거리에 오가는 이들을 보면 양산이 많이 눈에 띄는데 그 대부분이 여성들이다. 여름에 외출하는 여성에게는 양산이 필수품이라 할 수 있다. 남성들은 모자는 즐겨 쓰지만, 양산을 쓰는 이는 보기 드물다. 여러 이유가 있겠지만, 체면을 지키기 위한 것이 큰 이유라 생각된다. 남의 시선이 따갑게 느껴진다는 경우가 의외로 많다. 남자로서 그 정도는 잘 견딜 수 있다는 자존심이 작용하는 것도 사실이다.
　양산은 여성에게 어울리는 화려한 색상이 대부분이라, 남자가 쓰기엔 알맞은 색상이 드물어 구입을 망설이는 이들도 있다는 양산 판매 직원의 말을 들었다.
　나는 딸이 사준 우산을 외출할 때마다 들고 나갔다. 3단으로 접히니 간편해서 휴대하기도 별 부담이 없다. 언젠가 비구름이 걷히고 이글대는 햇볕을 길에서 만났다. 문득 딸이 우산을 건네주며 "양산으로 쓰고 다녀도 돼요" 한 말이 생각났다. 들고 있던 우산을 폈더니 이야! 기대 이상으로 시원하다. 이 좋은 걸 왜 남자들은 모른단 말인가. 늦게라도 알았으니 요긴하게 써야겠다.

나이가 들고 보니, 자연히 병원을 찾는 일이 잦아진다. 며칠 전 정기 진료를 위해 지역 내에 있는 S 병원엘 갔었다. 2km가 넘는 거리지만 늘 걸어 다닌다. 오가는 길에 가로수가 없어서 그늘이 아쉬운 길이다. 나는 우산을 양산 삼아 쓰고 다니니까 덥지 않아 좋다. 주변에 지나는 이들은 비지땀을 연신 닦으며 지친 기색이 역력하다.

요즘은 건널목 앞에 그늘막이 설치된 곳이 많다. 행인이 여기서 잠시 쉬며 신호를 기다린다. 폭염 중에는 그늘막 안의 기온이 3, 4도나 낮다고 한다. 짧은 시간이지만 그늘의 고마움을 실감한다. 양산을 쓰면 그 그늘을 들고 다니는 셈이니, 얼마나 좋은 방법인가. 남성들은 설마 이 정도로 시원한 걸 모르는 걸까. 체면이 남성들을 움직이는 보이지 않는 힘으로 작용하는 건 분명해 보인다.

불볕더위에 장시간 노출되면 위험하니, 외출을 자제하라는 문자가 이맘때엔 툭하면 핸드폰을 울려댄다. 체면 때문에 뙤약볕에 그냥 나갔다가 일사병으로 쓰러질 수도 있다는 걸 생각하면 양산으로 자신을 지키는 일은 현명한 일이다.

난 여름에는 우산을 자주 들고 나간다. 갑작스러운 소나기나 뜨거운 햇살을 모두 해결할 수 있기 때문이다. 현실성이 없는 관습은 타파해도 좋다는 생각이 든다. 이젠 남성도 체면 때문에 양산을 꺼리는 시대가 지났다. 스스럼없이 양산을 쓰는 사회적 환경이 조성될 때가 됐다고 생각한다. '남성들이여 양산으로 여름을 이깁시다.'

(mbc 라디오 〈여성시대〉 2023. 10월호 수록)

노년에는 걷기 운동

　인간의 삶 중에 후반기에는 누구에게나 노년기가 찾아온다. 이때에는 몸이 생각대로 따라주지 않아서 왕성하던 활동이 차츰 줄어드는 변화가 온다. 그 결과 몸의 근육이 서서히 감소하여 근력이 약해지는 걸 경험하게 된다. 고령인 친지는 건강이 좋지 않아 두 달 이상 침대에 누워 지냈다. 평소 보행을 잘하시던 분인데 걷지를 못했다. 이런 현상에 미리 대비하여 건강한 노후를 즐기려면 적당한 운동을 꾸준히 하는 게 좋다. 걷기 운동은 아무런 제약 없이 누구나 쉽게 할 수 있어서 나이 든 사람도 부담 없이 할 수 있는 운동이다.
　세월의 흐름은 어느새 내게도 '시니어 세대'란 이름을 주고 간 지 오래다. 이런 내게 알맞은 운동은 걷기라는 걸 알게 되어 무릎에 부담은 좀 느끼지만 즐거운 마음으로 실천하고 있다.
　5년여 전에 무릎이 아파서 정형외과에 다니며 치료를 받았다. 한 달이 지나도 차도가 없어서 무릎 전문 병원을 찾아갔다. MRI(자기공명영상) 검사를 한 결과 연골이 찢어져 그 조각들이 흩어져 있어 그것을 제거하는 수술을 받아야 한다는 것이다. 의사의 지시대로 입원하여 수술을 받았지만, 만족스러운 결과는 아니었다.

　연골이 있어야 할 곳에 그게 없으니, 과거와 같은 회복은 불가능하다는 판정을 받고 가슴이 철렁했다. 연골은 재생이 안 된다는 말에 황당하지만 이미 당한 일이다. 얼핏 보기엔 멀쩡하지만, 계단을 오르내리는 데에는 불편을 느낀다. 그나마 평지에선 그런대로 걸으니 다행으로 알고 그러려니 하며 생활한다. 요즘 건강 프로그램에서 자주 듣는 말이 있다.

　"노후에는 하체 근육이 중요하니, 허벅지의 근육을 강화하라." 전문가의 의견이라 믿음은 가지만 실행이 쉽지 않은 것이 현실이다. 나처럼 무릎이 불편함을 호소하는 이들이 많기 때문이다. 그뿐 아니라 몸에 한두 가지 이상 불편함을 호소하는 것이 예사다. 대화가 어려운 난청이나 음식 섭취가 불편한 치아 문제, 그리고 시력 저하도 빼놓을 수 없는 장애 현상이다. 원하지 않는 일이지만 피할 방법이 없으니 어쩌랴.

　생활 환경은 날이 갈수록 좋아져서 자치단체의 문화원마다 다양한 프로그램을 준비하고 주민을 기다리고 있다. 나이 들어도 의지만 있으면 취미 생활을 마음껏 할 수 있는 여건이 조성되었다. 그러나 여기저기 불편한 몸으로는 원하는 바를 이룰 수 없으니 치료를 위한 병원 출입이 잦아진다.

　"젊었을 때는 병원과 담을 쌓고 살았지만, 나이가 드니 정형외과, 치과, 이비인후과, 안과, 내분비내과 등을 풀방구리에 쥐 드나들 듯한다."는 노인들의 하소연이 남의 일 같지 않다.

　우리나라는 의료보험제도가 잘 정착되어 저렴하게 의료 혜택을 받을 수 있어서 다행스럽다. 2년마다 실시되는 건강 검진만 잘 받아도 노후에 건강하고 행복한 생활을 영위할 수 있으니 얼마나 감사한 일인가.

건강 검진을 가볍게 생각하다가 큰일을 당한 이웃을 보며 생각을 다졌다. 기회가 올 적마다 검진을 꼭 받는다면 불편을 줄여 무난한 노년을 즐길 수 있다.

걷기는 유산소 운동으로 근력이나 관절 강화, 심장과 폐 기능 향상에 도움이 되어 누구에게나 필요하지만, 노년기에는 더욱 좋은 운동이다. 엉덩이와 허벅지의 근육량이 감소하면 당뇨나 고혈압, 고지혈증, 동맥경화 등의 발병 위기에 직면하며 치매의 원인이 될 수도 있다고 한다. 의료진의 말이 나에게는 경고로 들린다.

나는 매주 두어 번씩 서예 교실에 나간다. 작년부터 같이 배우는 동료 중에 90 고개를 넘긴 이도 있다. 고령에 자전거도 타고 걷기 운동도 꾸준히 한다는 것이다. 하체 단련에 좋은 생활 습관이라 생각된다. 그 연세에도 성인병약을 복용하지 않는다니, 나이는 숫자에 불과하다는 말이 그를 두고 하는 말 같다.

하체 근육을 강화해야 하는 이유는 균형을 잡아주는 힘이 되기 때문이다. 하체가 약해지면 낙상 사고를 당할 위험이 커지며 그 결과 골절로 이어지기도 한다. 노년에는 안전제일의 생활화로 치명상이 될 수도 있는 낙상 사고를 피해야 한다.

몇 년 전에 일본에서 선풍을 일으켰던 내용을 국내 모 일간지에 크게 보도된 기사를 보았다. '근육이 연금보다 낫다. 노년에는 은행 예금 잔고보다 근육 잔고를 먼저 늘려라.' 근육의 부도는 위험 신호임을 알아야 한다며 나이가 들면 그만큼 근육이 무엇보다 우선함을 일깨워 준 말이다.

노년에는 걷기 운동으로 건강을 지키는 게 좋다는 전문가의 조언이다. 걸을 수 있는 현실에 감사하며 오늘도 만보기를 확인하면서 즐거운 마음으로 걷는다.

먹고 사는 방법도 가지가지

　종일 안개비가 오락가락하는 오후, 창밖에 보이는 도로에 자동차들이 분주히 지나간다. 급하게 달리거나 혹은 여유로운 모습으로. 쭉 뻗은 자동차 행렬의 브레이크 등이 한 줄로 몰린 걸 보고 있자니, 7, 80년대 시장 골목에 매달린 전등불을 연상케 한다.
　예전에 재래시장에는 활기가 넘치고 구경거리도 많았다. 장날이면 떠돌이 약장사의 질펀한 공연은 제법 인기가 있었다. 발장단으로 등에 맨 북을 신명나게 쳐 대면서 만병통치약을 팔던 그들은 인기가 좋았다. 차력 무술인이 맨손으로 손바닥보다 큰 돌을 부수거나, 누운 사람 맨살 배 위에 붉은 벽돌을 해머로 부수는 모습은 보는 이들을 아찔하게 했다. 어디 그뿐이던가. 야바위꾼의 화려한 눈속임도 현란했다.
　깜빡이는 불빛 아래 각설이 차림에 품바 춤으로 시선을 끌어 호박엿을 파는 엿장수도 있는데, 지금 창밖에 보이는 자동차 행렬과 흡사하다. 그 옆에는 알 수 없는 피리로 '쫴~액' 하는 소리를 내는 뱀 장사도 볼만한 구경거리였다.
　군대 가기 얼마 전에 부평시장 지인에게 인사를 드리러 가던 중이었다. 시장 입구 노점에 삼십 대로 보이는 남자가 큰 보자기를 땅에 펼쳐놓더니 상자에서 뭔가를 마구 쏟아놓는다. 깨진 화장품이 뒤범벅되어 보기가 안쓰러울 정도다. 잠시 후 첫돌을 겨우 넘겼을 만한 아기를 또 다른 보자기에 내려놓고 훌쩍거린다. 삽시간에 구경꾼이 모여드니 울먹이며 얘기를 풀어놓는다. 아기엄마가 돈이 없어서 병원 치료 한번 못 받고 병사하는 바람에 혼자 아기를 키운단다. 먹고 살아야 하겠기에 화장품 행상을 시작했는데, 버스에서 내리다가 깨뜨려서 이 모양이 됐다며, 얼마라도 건지려 가지고 나왔단다. 반의반 값에 드릴 테니 제발 하나씩 팔아달라며 깨지지 않은 화장품 병을 수건으로 닦아서 골라놓는다. 아주머니들은 "저런 딱해라." 하며 하나씩 손에 들고 뚜껑을 열어 냄새를 맡아보니 향도 좋고 유명회사 제품이라며 너도나도 한두 개씩 사서 가져갔다.

　그 뒤 보름쯤 지나 부평시장에 갈 일이 또 있었다. 시장 끝쪽에 사람들이 모여 있어서 다가가 봤다. 요전 그 남자가 같은 방법으로 화장품을 파는 중인데, 불쑥 한사람이 다가서더니 대뜸 "이 사기꾼아." 하고 소리를 쳤다. 갑자기 찬물을 끼얹은 듯 시선이 그쪽으로 향했다. 며칠 전 주안 친정에 갔다가 본 얘기라고 했다. 화장품이 모두 변질이 되어 항의가 빗발치니 저 사람이 혼이 나서 달아났다는 것이다. 그런 걸 팔고도 여길 또 왔으니 염치도 없다며 목청을 높인다. 그러자 어쩐지 한 달도 못 되어 냄새가 이상하더니 물이 고였다며 내 돈 내놓으라고 여기저기서 아우성이다. 그는 올 것이 왔다고 생각했는지 남은 것을 상자에 쏟아 담고 급히 도망치며 중얼댄다. "오늘은 재수 없는 날이네."

　그때만 해도 세상이 어수룩하여 남을 의심하지 않고, 곤경에 빠진 이웃을 도와주는 온정이 넘쳤었다. 어려운 일 당한 사람 물건 팔아주면 선행을 한 듯 흐뭇한 마음이었는데, 갑자기 배신감으로 변한 것이다. 그러다 보니 사회에 점점 불신 풍조만 커졌으리라.

 기억나는 일이 또 있다. 길바닥에 거적을 깔고 약초 뿌리를 파는 사람이 있었다. 지나가던 사람이 물으면 신경통, 위장병에는 특효가 있다며 침이 마르도록 떠들어댄다. 어떤 이는 찾고 있던 약초인데 효과를 봤다며, 선뜻 사 간다. 물어보던 사람도 좋은 약초인가보다 하고 얼른 사 갔다. 얼마 뒤 먼저 사 간 사람이 약초를 다시 쏟아놓는다. 소위 바람잡이 한 패였던 거였다. 마침 그때 나중에 약초를 산 사람이 약초 달이는 방법을 자세히 묻기 위해 다시 왔다가 그 모습을 보고 말았다. 한참 떠들썩하던 말다툼이 차츰 진정된다. 장사가 안 돼서 그랬지만 약효가 없으면 성을 갈겠다며 한 뿌리 더 주겠다는 말에 수그러진 모양이다. 조상 대대로 물려받은 성씨를 담보로 하는 거짓말도 때로는 큰 힘을 발휘 하나 보다. 그렇듯이 그 시절 시장 주변엔 속고 속이는 일들이 판을 쳤다.

 며칠 전 나도 깜짝 놀랄 일을 경험했다. 모 쇼핑에서 승인번호와 함께 70만 원 결제 완료 문자가 들어왔다. 처음 당한 일이라 카드사 등 여기저기 알아봤더니, 아직은 이상 없다며 교묘한 광고일 수도 있으니 조심하라는 답이 돌아왔다. 말재간으로 감쪽같이 속여 먹는 보이스피싱뿐 아니라, 휴대폰 문자에도 아차 하면 당하기 쉬운 세상이다. 정보기술의 발달은 편리한 세상이 되어 좋은데, 남을 속이는 방법도 고도의 지능으로 덩달아 발전하는 걸 잊지 말아야 한다. 잠시도 긴장을 풀 수 없는 사회가 됐으니 정신을 바짝 차리고 살펴야겠다. 먹고 사는 방법도 참 가지가지다.

벽장 속에는

 벽장이라면 요즘은 좀처럼 듣기 어려운 말이지만, 그 속에는 어릴 적 소중한 기억 보따리가 고스란히 담겨 있다. 이미 오래전에 자취를 감췄기에 쉽게 떠오르지는 않아도 어쩌다 생각나면 그때의 일들이 실타래에 실 풀리듯 한다. 그 무렵 농촌 초가집에는 대부분 벽장이 있었다. 부엌은 땅바닥보다 더 낮게 조성되어서 여유로운 윗 공간을 2층처럼 만들어 물건을 넣어두는 공간으로 활용한 게 벽장이다. 이와 비슷한 다락은 비교적 여유 있는 초가나 와가(瓦家)에 설치되어 출입문도 낮고, 내부도 넓어 병풍이나 교자상, 물레 등 부피가 큰 것도 둘 수 있다. 다락은 아직 간간이 사용되는 말이니 벽장처럼 잊혀진 말은 아니다.
 벽장의 문은 안방 아랫목에 있는데 구조상 높이 달려서 어릴 적에는 까치발을 세워야 겨우 들여다볼 수 있었다. 그러니 아이들이 혼자 힘으로 올라가긴 쉽지 않았다. 그래선가, 거기 무엇이 있을까 하는 호기심이 떠나질 않아 형을 따라 어렵사리 올라가 봐도 별다른 건 없었다. 그래도 이상하게 궁금증은 여전했다.

어느 집이나 남에게 보이고 싶지 않은 물건이나, 소중하게 보관해야 할 것은 벽장에 다 있었다. 더러는 오래되어 낡아빠지고 곰팡내가 풀풀 나는 것도 들어 있는 음습한 곳이지만, 그래도 그 집만의 독특한 향기와 비밀을 간직한 곳이기도 하다.

자주 쓰지 않는 '지필묵'이나 장기판, 철 지난 도구나 온갖 잡동사니들을 넣어 둔다. 한쪽 구석에 아버지가 오래전에 쓰셨던 국궁과 화살통이 먼지를 뒤집어쓰고 처박혀 있었다. 헝겊 주머니를 벗겨보니 활은 쥐가 갉아 먹어서 흉한 모습이다. 호기심에 어렵사리 뒤집어서 시위를 걸고 당겨 보았지만 쉽지 않았다. 국궁은 둥근 모양으로 보관하지만, 사용할 땐 반대로 뒤집어서 시위를 걸어야 활이 된다는 걸 그때 알았다. 활을 가지고 노는 걸 보신 아버지는 깜짝 놀라시며, 잘못하면 다칠 수 있으니 조심하고 장난감으로 쓰지 말라셨다. 화살촉은 오래된 것이지만, 뭉뚝하면서도 예사롭지 않게 단단해 보였다. 한번은 형이 방패연 만드는 대나무를 구하지 못하던 중 화살촉을 하나 꺼내 쪼개어 썼더니 안성맞춤이다. 나중에 아버지께 야단은 맞았지만, 연이 잘 떠서 기분 좋았다.

우리 마당은 이웃집보다 넓어서 가을이면 볏가리가 서너 개 있어도 아이들 놀 공간이 있었다. 그러니 온종일 구슬치기, 딱지치기, 자치기, 비석치기, 술래잡기를 하느라 왁자지껄했다. 너무 떠들어서 야단을 맞을 때도 있지만 그때뿐이었다. 한참 놀다 출출해지면 사랑방 벽장이 궁금해졌다. 벽장을 열면 달콤한 향기가 쏟아졌다. 할아버지가 인천에서 가져온 사탕을 넣어두었기 때문이다.

인천 대고모님 댁은 사탕 공장을 운영하셨다. 할아버지가 대고모님 댁을 다녀오실 적마다 사탕을 가져오셨다. 알사탕보다 큰 양회 봉지에 담긴 깨진 부스러기가 더 많았다. 부스러기를 먹다가 나무 조각이

씹혀서 뱉어버린 적도 있지만 그래도 좋았다. 며칠은 사탕 먹는 맛에 신이 절로 나서 사랑방을 뻔질나게 드나들었다. 그런 내게 할머니는 풀방구리에 생쥐 드나들듯 한다고 하셨다.

  어느 날은 할머니를 졸라서 같이 놀던 친구들과 알사탕 한 개와 부스러기 한 줌씩을 받아 먹었다. 세상에서 제일 맛있는 건 사탕이라며, 생일보다 더 기분 좋다."라는 친구도 있었다. 또 벽장은 술래잡기할 때 숨기 좋은 장소이기도 했다. 한 친구가 아무리 찾아도 보이질 않아 꾀를 내어, "OO는 호랑이가 물어갔나 보다." 하고 여럿이 외치고 다녔다. 그러자 "나 여기 있는데." 하며 뛰어내리다 발목을 삐어서 다음 날 학교에도 가지 못하게 돼 단체로 야단을 맞기도 했다.

  요즘은 주택 구조가 아파트나 다세대 일색이고, 초가집은 민속촌에서나 볼 수 있다. 유년 시절 벽장만큼 아늑하고 비밀스러운 공간이 없었다. 벽장에는 몇십 년 지난 빛바랜 흑백 사진도 있고, 풀리지 않는 퍼즐의 해답이 있을 것 같아, 보물섬을 찾아가는 동심처럼 팽팽한 호기심과 궁금증을 안고 살았다. 이제 와 생각해 보니, 모두가 유년의 아름다운 추억이었다. 지금도 나만이 간직하는 기분 좋은 기억 보따리를 벽장에 고이 담아두고, 생각나면 하나씩 꺼내 보던 동심을 다시 한번 느껴보고 싶다.

부르고 싶던 그 노래

나는 서예 작품 전시 및 시상식에 종종 참석하고, 문예지 출판 기념식에도 이따금 참석한다. 그때마다 은근히 맘속으로 기대하는 게 있다. 국민의례 순서에 애국가를 부를까 생략할까 하는 궁금증으로 혼자 점쳐 보곤 한다. 이번엔 부르겠지 하고 기대하지만, 결과는 역시 아니다. 지금껏 경험으로는 예닐곱 군데 중 한 곳쯤은 애국가를 1절만 부른다. 그날은 운수 좋은 날이라는 생각이 든다. 애국가는 4절로 돼 있어서 기념식에서 전부 부르기는 지루하다는 생각들을 한다. 그래서 1절만 부르는 것도 언제부턴가 시간 절약이나 간소화한다는 명목으로 생략하는 풍조가 만연했으니 쉽게 바뀌기는 어려울 것 같다.

며칠 전 모 문인협회 정기총회에 참석하였다. 식전에 인사를 주고받을 때 사회를 맡은 사무국장께 물었다. "오늘 애국가를 부릅니까?"라는 물음에 1초도 안 돼서 "부를까요?"하고 되묻는다. 이렇게 반문하는 건 그도 애국가 생략에 작은 부담이라도 있었기 때문일지도 모른다. 나는 "그냥 궁금해서요."하고 말았지만, 권고로 받아들이면 부담을 줄 것 같아서 부르는 게 좋겠다는 의견을 말하지 않았다. 진행

순서가 되자, "애국가는 1절만 부르겠습니다." 하는 게 아닌가. 무언의 의사 전달이 됐으리라. 내가 묻기를 잘했다는 생각으로 남들이 알 리 없는 뿌듯함이 '길이 보전하세'로 끝날 때까지 남아 있었다.

엊그제 서예 교실 동료가 한 말이 떠오른다. 전철에서 시니어들의 대화 중에 요즘은 모임에 가도 애국가를 안 한 지 오래돼서 가사를 잊을지도 모르겠다고 하더란다. 그러고 보니 20여 년 전부터 각종 민간단체 기념식에 '애국가 제창'이란 말이 실종된 거 같다.

요즘은 일반 단체 행사를 보면 대부분 애국가를 생략하고 만다. 참석자들이 불편하게 생각한다는 게 이유란다. 고작 2분이면 족할 터인데 그냥 건너뛰는 건 좀 아쉽다. 급변화하는 지구촌에서 IT를 선도하는 10대 강국을 이룬 우리가 아닌가. 이만큼 선진 대열에 진입한 내 나라 애국가를 기회마다 마음껏 부르며 자긍심을 가슴 가득 담고 싶다.

이제는 위로와 격려의 시간

 감염병 바이러스가 휩쓸고 지나간 자리에는 크고 작은 상처의 흔적이 역력하다. 서로를 믿을 수 없는 불신의 시대에 사는 것만 같았다. 가까운 사람이든 이웃집 사람이든 가리지 않고 모두가 전염병 세균이나 바이러스의 보균자로 취급해야만 되는 세상이었다. 외출할 때는 마스크만으론 안심할 수 없어 손 소독제를 꼼꼼히 바르고도 여러 사람이 모이는 곳은 되도록 가지 않는 게 상책이다. 벌써 2여 년 동안이나 습관처럼 하다 보니 너나없이 당연하게 받아들인다.
 코로나-19의 감염이 걷잡을 수 없이 확산이 되던 그때를 생각하면 어이없는 일들의 연속이었다.
 모 문학지에 수필 응모를 하고, 한참을 기다리고 있던 차에 수필 등단 소식이 왔다. 늦은 나이에 이룬 것이라 남달리 반갑고 마음 설레었다. 이제 수상식 날만 기다리는 중에 별안간 행사가 취소됐다고 하더니 신인문학상 패는 택배로 보내 왔다. 종심(從心)을 넘겨 입문하여 어렵사리 거둔 문학상인데, 수상식이 없으니 기념사진 한 장도 없어 아쉽다. 아쉬운 일은 그것만이 아니었다. 서예협회에 출품한 작품이 입상했어도 역시 전시회가 열리지 않아 다른 작가들의 작품을 감상할 기회가 없어졌다.

그런 일이 주변에 한둘이 아니다. 전 세계인이 겪고 있는 코로나 펜데믹이란 생경한 이름 아래 남들과 벽을 쌓고 사는 세상이니 어쩌랴. 이제 무슨 일이나 비대면 생활화가 자연스럽다.

직장인들도 재택근무하는 일이 잦아졌다. 우리 집에도 딸들이 종종 재택근무를 한다. 나도 개봉1동 자치위원으로 활동 중인데, 50명 전원이 모이는 회의는 열지 못하고 매월 핸드폰을 통하여 비대면(줌:ZOOM)으로 실시한다. 요즘은 누구나 스마트폰을 사용하기에 비대면이 어렵지 않게 진행이 되고 있다.

이제 실외에서는 마스크 의무 착용을 해제했다. 사회적 거리 두기도 사실상 해제되었으나 마스크를 쓰는 일은 일상이 돼 버렸다. 형식적으로 마스크를 벗어도 된다고 했으나 막상 마스크를 벗지 못한다. 아직도 매일같이 수만 명의 감염자가 발생하는 상황에서 적절한 조치인지 의견이 분분하다. 해제하기엔 이르다는 우려의 목소리도 크다.

최근 우리나라의 감염자 수가 파죽지세로 급증하는 이유를 모르겠다. 작년에 이따금 전 세계 감염자 현황을 검색해 보곤 했다. 우리나라는 70~80위 전후를 오랫동안 유지했었다. 지난 11월에도 별로 변함이 없었다. 그런데 웬일인지 금년 초봄부터 폭발적으로 늘어나더니 요즘은 세계 8위가 되었다. 감염자 수가 1,700만 명을 넘겼으니 인구 세 명 중 한 명이 감염된 수치이다.

한동안 K방역이 세계적 모범 사례라는 자랑거리였는데 1년이 훨씬 넘도록 안정됐던 감염률이 왜 이런 수치로 급변했는지 이유를 몰라 불안하기 짝이 없다. 이런 때는 개인위생이 중요하다. 감염병으로부터 자신을 보호하고 남에게도 피해가 되지 않도록 유의해야 할 것이다.

두 달 전 가까운 친구가 유명을 달리했다. 애석한 마음 금할 수 없으나 마지막 가는 길조차 배웅하지 못하였으니 마음 한구석이 텅 빈 것처럼 허전하다. 장례식장은 감염 위험도가 높은 곳이기에 호흡기가 취약한 나로서는 미안하지만 갈 수 없었다. 감염병 바이러스가 한시적이라지만 사회 분위기를 많이 변화시켰다.

어제는 집에서 가까운 거리에 있는 매봉산 정상에 올랐다. 확 트인 시야에 서울의 전경이 들어온다. 마포 쪽에서부터 남산은 물론 광명시 그리고 저 멀리 롯데 123층 빌딩도 발 아래 보인다. 가슴이 뻥 뚫리는 듯 시원하다. 오랫동안 감염병으로 막혔던 체증이 쑥 내려가는 기분이다. 그동안 힘겹게 견디어낸 자신에게도 참을성을 칭찬해 본다.

코로나-19가 창궐하던 초기에는 본의 아니게 확진자를 비난하며 죄인을 보듯 멀리했다. 그런데 직장에 다니는 딸이 감염됐다는 통보였다. 이런 일이! 그로 인해 가족이 각기 동선을 피해가며 지내는 힘겨운 나날을 겪었다. 지금은 코로나에 걸렸던 딸도 건강을 회복하였고 직장에 잘 다니고 있어 고맙다. 다행히 다른 가족은 감염되지 않았다.

지금은 겨우 힘겨운 터널을 빠져나왔다. 밝은 내일을 향해 나갈 시간이다. 다 함께 이해하고 사랑하는 마음으로 가족과 이웃을 서로 다독이고, 상처를 위로하는 내 마음부터 활짝 열어본다.

이제 위로와 격려의 눈으로 이웃을 바라보자. 코로나-19로 경제적으로 피해 막심한 이웃은 몸과 마음이 지쳐 있다. 그들을 어떻게 위로할 수 있을까? 경제적 위로까지 절실하다. 우리 이웃이 몸과 마음 모두 치유의 시간이 필요한 때다. '이 또한 지나가면 된다'고, 다가올 행복한 날을 새롭게 맞이하겠다. 기대로 스스로 위로를 해 보자

주는 이의 행복이 더 크다

　우체국에 갔다 오는 길에 아내에게 전화했다. "들어갈 때 호떡 사 갈까?" 했더니 "그럼 오랜만에 순대를 사 와요." 하는 대답이다. 근처 시장에서 순대를 사오다가 막걸리도 한 병 샀다.
　들어오는 길에 집 앞 소공원을 지나다 보니, 포근한 날씨에 나이 드신 분들이 두세 명씩 모여앉아 대화를 나누며 쉬고 있다. 매일 이곳에서 친구도 만나고 햇볕도 만나는데 오늘은 날씨가 흐려서 친구는 만나도 햇볕은 온종일 얼굴을 감추고 있다.
　요즘 고층 아파트 그늘로 인하여 동절기엔 햇볕을 만나기가 쉽지 않은 곳이 많다. 그런데도 이곳 소공원은 남쪽으로 아파트가 없고 도로 교차로 녹지대가 있어서 언저리에서 그나마 늦도록 해를 볼 수 있는 곳이다. 어르신들이 햇볕을 만나러 이곳으로 모여드는 걸 보면 그분들의 휴식처로는 더없는 장소다.
　금년 신축년에는 우리 집안에 칠순을 맞이하는 이가 셋이나 된다. 형수님과 아내, 그리고 셋째 아우다. 지난 1년간은 코로나로 인하여 외출을 자제하고 집에 머무는 시간이 많았다. 이때를 활용하여 칠순을 맞는 이들에게 나의 솜씨를 발휘하여 서예 작품을 한 점씩 선물해야겠다고 마음먹었다. 오래전부터 생각했기에, 각기 좋아하는 글귀나 성구를 사전에 자연스레 대화로 알아 두었다가 실행에 옮긴 거였다. 최근 몇 달 전에 새집으로 이사한 큰 조카에게는 입주 선물로 어린 자녀를 양육하는데 교훈이 될 만한 글귀를 골라 적은 작품도 함께 준비했다.

정성스레 쓰인 화선지를 표구사에 의뢰하여 보기 좋은 작품이 탄생했다. 며칠 전 족자를 찾아오는 날부터 보내는 오늘까지 난 부자가 된 듯 뿌듯한 마음이었다.

집에 와서 순대와 막걸리를 놓고 아내와 마주 앉았다. 평소에는 입에 대지 않던 아내도 반 잔을 받았다. 오늘따라 막걸리 맛이 그만이다. 사천백 원으로 이렇게 행복을 얻을 수 있다면야 얼마나 좋은가 하는 생각이 스쳐 지나갔다. 막걸리 맛이야 변할 리가 있을까만 기분에 따라 맛도 달라지는 건 사실이다. 받으면 좋아할 만한 깜짝 선물을 보내고 나서 받을 이들에게 택배를 보냈음을 사진과 함께 알렸다. 얼마 뒤 카톡이 울어대더니 감동적인 선물이라 너무도 감사하다는 내용이다. 기분이 좋으니 막걸리 맛도 일품이다. 받는 이들도 기분이 좋겠지만, 주는 이의 행복감이 더 크다는 건 경험하면 알게 된다.

평소에는 명절마다 형님 댁으로 동기간이 모였는데, 지난번 추석이나 며칠 전에 지난 설날에는 모일 수가 없었다. 코로나가 형제간의 사이도 벌려놓는 것 같은 기분이다. 이런 상황이니, 아내의 제안에 따라 칠순 때를 기다리기보다 미리 택배로 보내기로 하여 우체국에 가서 보낸 것이다. 아내에겐 딸들도 좋아하는 찬송가로 준비했다.

들어오다 소공원에서 본 나이 드신 분들이 생각났다. 대체로 노년에 시간이 남아돌아서 나온 분들 같다. 생활에 불편은 없어도 시간이 무료해 보인다.

  나이가 들수록 일광욕은 필요하지만, 하릴없어 헤매는 모습으로 보이지 않을까 하는 생각에 나는 공원에 앉아 시간 보내는 게 어색해서 오래 머물지 않는다. 노년에는 취미 생활 등 소일거리가 있는 것이 얼마나 좋은지 새삼 느껴진다.

  가만히 자신의 살아온 자취를 되돌아본다. 지금껏 앞만 보고 달려왔다.

  한창나이에 남들처럼 당구, 바둑, 화투, 등산, 낚시 등 오락에는 눈을 돌릴 겨를이 없이 살다 보니 할 줄 아는 오락이 없다. 그 떠들썩하던 야구 구경도 못 가 보고 그저 네 식구가 살아가는 생각만 했다. 참, 작은딸이 직장에서 받아온 야구 티켓으로 두어번 야구장엘 가 보긴 했다.

  바쁜 생활 중에도 10여 년 전부터 틈틈이 서예를 배웠고, 종심을 넘긴 나이에 수필을 공부해서 등단을 했다. 황혼기를 맞았지만, 무료한 시간을 걱정할 일이 없으니 얼마나 다행인지 모른다. 서예는 아내의 권유로 시작했는데, 노년을 맞고 보니 노후에 취미 생활로는 안성맞춤이 됐다.

  지금껏 친구나 친지에게 선물한 서예 작품이 10여 점 이상이다.

  시간이 여유로울 때면 서예나 수필을 짓는 나는 행복한 사람임을 새삼 깨닫고 감사한 마음으로 산다. 내가 익힌 솜씨로 작품을 준비하여 남에게 건네주면, 받는 이보다 주는 이의 행복이 더 크다는 걸 실감하는 하루였다.

짧아지는 가을이 아쉬워

우리의 기후 환경은 봄, 여름, 가을, 겨울이 차례로 찾아오는 살기 좋은 곳이다. 뚜렷한 사계절은 각각의 장점이 있어서 사람마다 제각기 좋아하는 계절이 있다. 만물이 소생하는 희망찬 봄을 기다리는가 하면, 초목이 무성하고 태양이 작열하는 정열의 여름이나 온 세상이 황금 물결로 뒤덮여 결실하는 풍요의 가을을 기다리기도 한다. 겨울 스포츠를 즐기려 봄부터 겨울이 오기만 바라며 첫눈이 예상되는 날을 달력에 표시하는 이도 있다. 겨울엔 날씨가 추워 식물들이 동면하지만, 흰 눈 덮인 은백색 겨울 풍경은 한 번도 경험하지 못한 이들은 상상하기 어려울 만큼 아름답다. 이렇게 사계절을 만끽하고 사는 우리에게 축복받은 나라라며 부러워하는 외국인이 많다.

이런 환경에서 사는 것이 얼마나 다행인지 모른다. 계절마다 각기 다른 점 중에서 나는 단풍이 곱게 물들고 풍성한 곡식을 거두며 생활하기에 알맞은 기후 가을을 좋아한다. 그런데 요즘은 어찌 된 일인지 여름이 길어지고 봄이나 가을은 짧아졌다. 봄인가 하면 어느새 여름이 되고 가을이 왔구나! 하면 금방 겨울이 돼 버린다. 아쉽기 그지없지만, 대자연의 흐름을 인력으론 어쩔 수야 없지 않겠는가.

수십 년 전부터 사계절도 조금씩 퇴색하고 차츰 아열대기후로 변한다고 하는 말이 공공연히 나오고 있다. 따뜻한 남쪽 바다에 살던 아열대 어류가 제주도 주변이나 동해에서도 잡힌다거나, 제주도에서만 재배되던 한라봉이 경남이나 전남에서도 재배한다고 한다. 이것이 기후의 변화인 셈이다.

전통적인 사과의 재배지인 대구나 청송보다 강원도 기후가 사과 재배에 알맞다는 말을 들은 바 있는데, 이런 것을 보면 이미 많이 진행됐음을 알 수 있다.

지구의 온난화로 인하여 한반도가 아열대기후로 변해간다는 것은 이산화탄소 배출로 온실효과를 높이는 가스가 많아져 지구에 복사된 태양열이 대기 밖으로 빠져나가지 못하기 때문이라고 한다. 그 결과 지구의 기온이 상승하면 해수면도 상승하여 빙하가 녹아내려 연쇄반응으로 온난화는 가속된다는 것이다.

지구의 온도가 1도만 높아져도 북극의 빙하가 녹아내리고, 높은 산지에 있는 만년빙도 사라진다는 것이다. 따라서 해수면이 상승하고 가뭄 등 극심한 기후 변화로 인하여 수많은 인구가 희생되고 생물의 상당수가 멸종된다는 것이다. 보통 사람은 짐작조차 어렵지만, 과학자들의 연구 결과이다.

온난화의 직접적인 영향은 기상 이변일 것이다. 몇 년 전에도 따뜻하고 살기 좋던 봄 날씨가 얼마 못 가서 여름에 쫓겨나더니 서둘러 밀려온 살인적 더위가 한 달 넘게 계속되었다. 체력이 약한 노약자들의 고통이 극에 달한 상황이었다. 평소 겨울이 불편하다고 생각하던 나는 그때 여름이 더 불편함을 절실히 깨달았다.

이 모든 것이 우리가 지구 환경을 잘 보존하지 못하고 소홀히 했기 때문이다. 수십 년 전부터 오존층이 파괴되기 시작했다는 뉴스가 나오고 환경 오염의 심각성에 대한 보도가 물밀 듯 했다. 그러나 대부분 별 신경을 쓰지 않는다. 사용을 금지한 비닐봉지도 예사롭게 사용한다.

재활용품 분리배출이나 쓰레기 배출은 아직도 규정에 맞도록 정착하기엔 갈 길이 멀다. 플라스틱병에 붙은 상표 제거나, 유리병에 알루미늄 뚜껑 등은 분리 배출하는 이가 드물다.

자연 환경이 파괴되어 정상 기능이 마비된다면 인간뿐 아니라 모든 생물이 생존할 수 없는 미래가 올 수도 있다는 과학자들의 경고성 예측도 나왔다. 한번 망가져 균형을 잃은 자연 환경은 다시 되돌리기가 불가능하다. 모두가 자기 위치에서 환경 오염이 되지 않도록 규정을 지킬 의무감을 가져야겠다.

사계절이 뚜렷한 이 땅에 우리의 후손들이 편안히 살도록 좋은 환경을 물려주려면, 지금 우리가 환경 보호에 앞장서야 한다. 그리하여 꽃피고 새가 노래하는 봄이나, 단풍 곱고 사색하기 좋은 가을이 줄어들지 않도록 잘 보존해서 다 함께 만끽할 수 있는 계절이 유지되면 좋겠다. 우리의 생각을 살찌우는 가을이 짧아지는 아쉬움이 더는 없었으면 하는 마음 간절하다.

오월이 되면

연녹색 잎들이 하루가 다르게 푸르러지는 계절이다. 이른 아침에도 서늘하지 않고 낮에도 덥지 않을 만큼 따뜻해서 생활하기 좋은 계절이다. 4월만 해도 한낮엔 따뜻하면서도 아침저녁에는 좀 싸늘해서 외출할 때마다 옷 입기가 어중간했다.

오월은 신록의 계절이요, 입하(立夏)와 소만(小滿) 절기가 있는 달이다. 여름의 시작이요 본격적인 농사철이다. 자연에만 의존하던 과거에는 놓칠 수 없는 시기였다. 그러나 과학의 발달은 모든 생활 패턴을 바꾸어놓았다. 요즘은 촉성 재배, 억제 재배 등의 개량 농법으로 딸기는 물론 참외, 수박 같은 여름철 과일이 겨울에도 항상 있다.

봄은 누구나 반기는 새로운 시작과 희망의 또 다른 이름이다. 그 봄 가운데 자리 잡은 오월이 열리면 철쭉꽃으로 산하가 뒤덮인다. 장미만이 아름다움의 대명사일까. 라일락이나 아카시아도 뒤질세라 짙은 향기로 무장하고 마음을 빼앗는다. 셀 수 없이 많은 종류의 꽃 구경을 마음껏 할 수 있는 때도 지금부터다. "오월은 앵두와 어린 딸기의 달이요, 모란의 달이다."라고 한 피천득 선생의 「오월」이란 글을 읽었던 기억이 새롭다.

　오월은 탱글탱글한 젊음의 달이다. 한껏 부풀어 오른 풍선처럼 사랑이 충만하여 용솟음치는 계절이다. 풋풋한 연인들이 지나치면 자신도 저런 때가 있었던가 하고 추억을 떠올려보곤 한다.

　녹음이 날로 더해가는 숲속에는 벌써 박새, 직박구리, 오목눈이 등 많은 새가 짝을 지어 둥지를 틀기에 한창이다. 해마다 이맘때면 고향 집에 찾아오던 후투티가 있었다. 처음엔 못 보던 새라 조류도감을 보고서야 이름을 알아냈다. 생김새가 독특해서 관심이 많았는데, 요즘 몇 년째 눈에 띄지 않는다. 머리에 뿔이 난 것이 특색이다. 날아갈 때 날개 색이 예쁜 그 새는 동남아 지역에서 살다가 여름이면 날아와 새끼를 길러서 늦여름이면 다시 날아가는 여름 철새다.

　아버지께선 그 당시 KBS에 근무 중인 형에게 보기 드문 새니까 방송국에 얘기해서 취재해 가라고 하셨지만 성사되진 못했다. 고향 집 추녀 모퉁이에 여름마다 찾아와 둥지를 틀고 사는 것이 소문나 가끔 구경하려는 사람도 있었지만, 아버지는 둥지 상황을 살펴 포란(抱卵)이나 육추(育雛)시에는 가까이 가지 않도록 줄을 매어 놓으실 만큼 관심이 각별하셨다. 우리 집에 온 길손이니 무사히 새끼를 키우도록 보호를 하고 힘을 쏟으시는 것을 그 새는 알았을까? 말 못 하는 짐승도 인가를 찾 아온 것은 위험으로부터 보호될 줄 알고 왔을 것이라고 생각하시었다.

　뒷산에는 꾀꼬리도 카나리아도 와서 노래하던 때가 있었다. 카나리아 소리도 좋지만, 꾀꼬리 노랫소리는 맑고도 낭랑하다. 옥구슬이 구르는 소리랄까, 정말 환상적이었다. 청아한 그 소리를 언제 다시 들을 수 있을지.

　오월에는 잊을 수 없는 어두운 기억도 있다. 한국전쟁 이후에 먹고 살기가 어려워서 초근목피(草根木皮)로 연명하던 그때에는 식량이 바닥이 나면 보리 수확을 애타게 기다릴 수밖에 없었다. 아무리 사정이 급해도 6월 6일경 망종(芒種) 절기가 되어야만 보리 이삭이 누렇게 익어 알이 꽉 차게 여물어진다. 그래서 보리 수확 시작인 망종을 앞둔 오월은 어느 때보다도 견디기 어려운 막바지 보릿고개였다. 지금은 이런 말조차도 이해하지 못하지만, 당시에는 글 몇 줄로 표현해 내기 어려울 만큼 안타깝게 생사가 갈리기도 했던 암담한 시절이었다.

오월은 어린이날, 어버이날, 스승의 날이 들어 있는 가정의 달이다. 그리고 21일은 부부의 날이다. 날씨도 좋으니 도시락을 준비하여 사랑하는 가족과 함께 한강 둔치에 나가서 봄 향기에 흠뻑 취해 보고 싶다.